# 化学课堂教学设计与技能

王 博 胡永涛 著

吉林人民出版社

**图书在版编目（CIP）数据**

化学课堂教学设计与技能 / 王博，胡永涛著. -- 长
春：吉林人民出版社，2023.11

ISBN 978-7-206-20267-4

Ⅰ.①化… Ⅱ.①王… ②胡…Ⅲ.①中学化学课－
课堂教学－教学设计Ⅳ.①G633.82

中国版本图书馆 CIP 数据核字(2023)第228058号

# 化学课堂教学设计与技能

HUAXUE KETANG JIAOXUE SHEJI YU JINENG

著　　者：王　博　胡永涛

责任编辑：赵梁爽　　　　　　　　　封面设计：张田田

出版发行：吉林人民出版社（长春市人民大街 7548 号　邮政编码：130022）

印　　刷：河北创联印刷有限公司

开　　本：787mm×1092mm　　　　1/16

印　　张：10　　　　　　　　　　字　　数：220千字

标准书号：ISBN 978-7-206-20267-4

版　　次：2023年11月第 1 版　　　印　　次：2023 年11月第 1 次印刷

定　　价：68.00元

如发现印装质量问题，影响阅读，请与印刷厂联系调换。

# 前　言

随着教学新理念的提出和素质教育的深入发展，化学课堂的教学效果也受到了人们的广泛关注。化学作为一门自然科学，因为理论与实践是重要的学科基础，所以为保证教学效果得到进一步提升，就需要教师在化学教学中改变以往传统的教学方法，注重"以生为本"，同时将学科内容与实践相结合，创设新颖的教学方式，以此促使学生化学素养的提升，实现更高的教学目标。

在高中化学教学中，由于受升学压力和教学时间的限制，教师在课堂教学中很难面面俱到地讲到知识内容的各个细节点。因此，如何在课堂教学设计中实施既具有时效性、高效率的课堂教学，又能够比较完整地呈现教学内容，成为目前广大高中化学教学探索、研究的一个教学课题。尤其是随着许多新兴的教学理念和模式的推广，课堂教学不再局限于传统的模式，变得更加多元化。

基于此，本书主要介绍了化学基本概述、化学教学策略，对高中化学教学理论、高中化学实践教学体系的构建以及高中化学"开放式"课堂教学模式进行了深入的分析和探讨，着重强调了高中化学课堂教学设计，最后探讨了化学课堂教学技能，给读者在化学课堂教学、化学教学体系构建方面提供了借鉴。

笔者在撰写本书的过程中，借鉴了前人的研究成果，在此表示衷心的感谢！由于化学课堂教学的范畴比较广，需要探索的层面比较深，在撰写过程中难免存在一定的不足，对一些相关问题的研究不透彻，提出的课堂教学建议和课堂调控技能也有一定的局限性，恳请前辈、同行以及广大读者斧正。

# 目　　录

# 第一章 化学基本概述

## 第一节 化学概念及应用

所谓概念，就是人们将感性认识上升到理性认识的过程，把所感知事物的共同本质特点抽象出来，加以概括，就成了概念。化学概念是化学现象和化学事实本质属性的反应。概念的学习和掌握是学生学习化学的关键，是学生获取化学知识的重要途径。化学概念是对化学现象和化学事实的高度概括，是两者本质的反应，是化学学科知识的基础和重要的组成部分。概念教学贯穿在整个化学教学的始终，概念教学直接关系着教学质量和教学成败。

### 一、化学概念的基本理论

#### （一）化学概念的含义及内容

**1. 化学概念的含义**

化学概念是反映物质在化学运动中的固有属性的一种思维形式，是化学知识的重要组成部分。化学概念是对一切化学事物的概括，是化学思维的基础和支撑。它代表了人类在人脑中保留下来并且组织化、系统化了的化学经验，是化学学科发展的结果。概念的内涵是指反映概念本质属性的部分。概念的外延是指概念所包含的对象，概念的外延是一个相互依赖、相互制约的统一体，它们是密不可分的两个部分。

**2. 高中化学概念的内容**

从内容来看，高中化学概念主要包含物质的结构、组成、性质和变化，以及化学用语、化学量，等等。它们之间相互联系、相互补充、相互独立。

## （二）掌握化学概念的基本方法

紧扣教材，掌握教材知识化。化学概念实质上就是一种理性的知识，它是通过化学实验，并对实验现象进行分析，综合运用各种化学方法抽象出来的知识。化学概念是从科学的角度对共同属性的同一类事物的高度概括。它是在科学发展过程中建立起来的，系统地描述有关物质化学运动的本性和运动规律的一类知识。中学化学主要包括两方面的内容：一类是化学原理，包括化学定律、化学运动原理、元素周期律、化学速率和平衡移动；另一类是关于物质的性质、结构、组成及化学量。化学概念具有很强的抽象性和理论性，而且化学概念本身也是发展的。作为中学生，要明白感知观念到形成概念，是经由外界的环境接受信息的刺激，通过影响感受器官，从而将信息的刺激转化为神经信息。因为化学概念往往只是短暂的记忆，并不能长时间地停留在学生的大脑中，所以在学习化学知识的时候，要把握教材知识，并不断地进行巩固。

## （三）化学概念的教学规律

化学概念的学习通常可以分成五个阶段。我们要学好化学概念，就应该掌握这几个阶段，进而根据这个规律去学习。第一，要感知材料，建立表象。我们要有目的地观察典型化学事物实例，讲解或阅读教材。第二，把握本质，对概念进行加工。对典型的化学事物实例进行分析、综合、抽象，提取其本质的特征，确定各特征间的联系，或者对接受的语句进行分析加工，抽取语义，形成关于概念本质属性的意义表征。第三，要熟悉内涵，形成概念。将找出的本质特征的类型进行划分，推广到化学事物的更大范围，形成概念，做出定义；或者联系原有知识，同化和理解给予的定义，使概念符号化。第四，要联系整合、初步掌握概念。初步运用概念进行判断，鉴别、归纳划分的活动。对新学习的概念进行解释，明确新概念的外延，明确新概念与已有概念的联系和作用，整合成新的概念结构。第五，学会拓展思维，运用概念，运用所学概念对化学事实进行概括、推理、解释；有计划地进行解题练习和实验操作设计等，使得对概念的认识更加准确、深化和丰富。

## （四）对关键词进行分析，把握概念的要点

概念是对客观事物本质属性的概括反应。化学概念的含义各不相同，有深有浅，但每个概念都有各自的关键所在。教师在教学概念时，要指导学生，首先把概念是怎么样叙述的，概念分几个层次，概念有哪些要点、关键词弄清楚；其次不但要运用自己的语言，对概念的层次、要点进行分析，还要抓住概念的本质，对其含义有深刻的理解，进而准确把握组成部分在概念中的作用和相互关系，进而可以更为深刻地理解概念的内涵；最后既要明确概念的各种限定条件，对概念进行剖析，讲解突出事物的本质，又要明确概念的外延，便于理解与记忆。

## （五）对概念进行分析、对比，查找异同点

化学概念通常都是成群或者成对出现的，且这些概念之间有着千丝万缕的联系，因此要掌握这些概念就要弄清楚彼此之间存在的联系与区别。这样不但有助于对概念内涵的掌握、对概念外延的充实，还可以让概念的模糊认识清晰起来。我们要学好中学化学概念，就应该学会对概念进行对比，找到它们之间的异同点。

## 二、巩固和提高化学概念教学的原则

化学作为科学体系中的重要部分，在培养学生探索精神和实践能力方面发挥着重要的作用。在学习过程中，仅仅知道或是了解化学概念是不够的，我们应该更好地掌握它、运用它。在化学教材中，化学概念成了提高学生学习兴趣的难题，也成了提高学生化学成绩的难点。如何通过有效的教学设计，提高学生对化学的兴趣，提高学习成绩，成了值得我们深思的问题。如果仍然沿用老师讲、学生听的传统教学方式，不仅不能提高学生学习化学的兴趣，相反会打击学生的学习积极性。我们应该从实际出发、从情趣和生活现实出发，把握以下两个原则。

## （一）关注生活，概念引入情景化的原则

教材上的概念抽象、枯燥，而只有好的设计，才能突破这个瓶颈。这个设计就是抽象问题形象化、立体化，以激发学生学习化学的兴趣和激情。在化学概念导入

阶段，教师要根据学生已有的知识和生活经验，创设生活化的教学情境，将抽象的概念生动、具体地呈现出来，以迅速点燃学生的学习热情，提高学生在学习过程中的关注度。例如，在讲"焰色反应"的溶剂时，我们可以为学生设计生活化的问题情境，导入概念的教学。教师可以先问："同学们在家自己动手炒过菜没有？是否观察到食盐掉在火焰上，火焰会呈现什么样的颜色？"这样的问题来自生活，同学们如果有生活且细心观察的话，一定能说出"黄色的火焰"。这个时候教师再问"你们知道为什么吗"，以引起同学们探究的兴趣。接着教师可以给同学们演示铜、铁等金属的火焰颜色实验。在观看实验的过程中，同学们会观看到各种美丽的火焰焰色，产生对概念的思考。这时化学老师适时地导入化学概念，然后再让学生分析金属的特性在生活中的作用。这样我们就将化学知识生活化、问题化，借此引导学生思考，提高化学教学学以致用的意义。

由于教材中的化学概念是以静态的语言进行表述的，教师要进行有效的处理，要结合生活实际，创设直观形象的教学情境，让静态的语言生动、具体，只有这样，才能激发学生的学习兴趣，调动学生的学习积极性，提高教学效率。

## （二）运用实验，概念形成探究化的原则

掌握化学概念的目的除了要使学生构建化学知识体系，更重要的是要培养学生以科学的方法抽象概括出概念，实现学生科学素养的提高，培养学生的思维能力。

化学是一门实验性很强的学科，通过让学生在参与实验的过程中，观察、分析实验现象，用归纳、综合、概括的方式直观地构建化学概念。例如，在讲到"原电池"概念时，我们组织学生进行实验教学，先让学生观察实验现象，思考其中的化学本质。演示分为三个步骤：第一步，取锌片和铜片各一小块放入硫酸中，观察并记录发生的现象；第二步用铜线连接锌片和铜片，观察发生的化学现象并记录；第三步将导线连接电流计，观察电流计的变化。学生会在实验中发现锌片上会冒出气泡，而铜片上没有。学生利用已有的活泼金属和不活泼金属的性质等知识，可以解释相关实验现象。在第二步中，学生产生疑惑，为什么连上导线后不活泼的金属也会产生气泡，而铜片并没有发生反应，这就引起了他们探究的兴趣。在第三步中，学生发现电流计检测出导线有电流流动，于是就会产生启发，想到从锌片中流失的电子通过导线

传到了铜片上，使稀盐酸溶液中的氢离子获得了电子而产生氢气。

学生在这样的实验中获得真实、形象、客观的实验现象，通过科学的推理，一步步地验证着科学知识，形成了化学概念。在这一实验过程中，学生的兴趣被激发了出来，原本枯燥乏味的概念学习变得有趣、生动、形象，提高了学生的学习效率。

只有让学生清晰、准确地理解化学概念理论，才能使学生更深刻地认识物质及其变化规律，进而掌握化学学科的基本结构。学生对核心概念的理解层次，决定了他们对化学学科的认知水平。由此，厘清化学概念的结构层次以及相关概念之间的关系，并结合学生的学习能力，统筹概念的学习过程，形成适合学生认知的课堂结构，无疑是有效教学中值得探索的课题。高中化学新课程着眼于提高学生的科学素养，构建"知识与技能""过程与方法""情感态度与价值观"相融合的课程目标体系。其中，"过程与方法"维度课程目标的设置，着眼于学生经历科学探究过程，提高学生的科学探究能力；着眼于学生逐步形成独立思考的能力和团队精神；着眼于学生学会运用多种方法对信息进行加工，提高自主学习化学的能力。

概念教学的常见误区：在实际教学中，教师往往缺少对概念进行有效的结构分析与教学整合，使得学生只能通过习题演练来获得概念不同层次含义的片段，这样很难达成概念的完整结构与不同层次间的有效联系，难以构建对概念整体、全面的认识。

## 三、新课程的化学教学理念

化学概念教学应由"重知识"向"重过程"转变。任何一个化学知识的学习几乎都遵循这样的环节：实验、事例概念、规律、题目。根据构建主义学习理论，学习应是认知主体的内部心理过程，学生是信息加工主体。高中化学新课标中提出了"过程与方法"这一教学目标维度。在这一维度下，新课程对学生的学习要求从原来的"重知识"转变为"重过程"。

### （一）重视概念的引入过程，使认识产生飞跃

化学概念是客观事物的化学共同属性和本质特征在人们头脑中的反映，是化学事物的抽象。任何一个化学概念的出现都不是可有可无的，都是对客观事物本质属

性的抽象，而中学生的生理和心理条件决定了其抽象能力的缺失，因此教师要能够在形成概念前使学生获得丰富的、有助于形成这个概念的感性材料，使学生认识引入此概念的必要性，从感性认识上升到理性认识，在认识上产生飞跃。高中学生对化学有一定的认知基础，大多对实验感兴趣，往往会把注意力集中在丰富多彩的实验现象上。因此，教师在导入概念的时候，最好以实验的方式对学生进行方法指导，对一些含义比较深刻、内容比较复杂的概念，要在化学实验的辅助下，深刻分辨和理解概念的本质和真谛，如，对"电解质"概念的引入等。

## （二）充分还原稀释，使学生发现、体验概念的形成过程

每个化学概念都是人类知识的结晶，铭刻着人类思维发展的烙印。如果我们在进行化学概念教学的同时，能把浓缩在其中的思维历程充分还原稀释，让学生沿着前人思维活动的足迹去重演知识的产生与发展过程，从中发现、体验、掌握形成概念的方法和学习科学思维的方法，那就等于教给学生一把打开思维宝库的金钥匙，从而把化学概念的教学作为帮助学生认识事物本质、训练思维能力、掌握学习方法的手段。

## （三）适当引入化学史，让学生感知化学的文化内涵

只有了解了化学概念产生、形成和发展的历史过程，才能更深刻地理解它们的本质。教学实践中的难点，往往也是化学发展史上长期未能克服的困难。历史上化学大师辩论和斗争的错误观点，往往也保留在学生的概念之中。认识上的反复和曲折，正可反衬出正确理解化学概念的重要性。化学历史上关键性的突破和化学家的伟大贡献，也正是化学学科的重点。例如，催化剂新的定义问题、盐酸是不是电解质的问题、四氧化三铁是不是氧化物的问题等，这些问题在化学史上曾经有过长期的争论。教师在教学过程中如能恰当地引用一些化学史资料，让学生在真实的历史背景下了解和认识这些概念，有时会起到意想不到的效果。新课程改革强调从生活走向化学，从化学走向社会，更关注人文素养的渗透。萨顿提倡的新人文主义将科学和人文结合在一起。科学发展史就是一部完整的科学家奋斗史。学生通过学习，既可以体会到合作的重要性，熟悉定量、定性等思维方式，又可以形成独立思考和分析问题、

解决问题的能力。

## （四）"预成性"向"生成性"转变

新课标对"方法"给予了更多的关注。目标的设计不仅指向"结果性知识"，更多地侧重于"生成性知识"以及"生成知识的方法"。化学概念的教学应由传统的"预成性"教学向"生成性"教学转变，教学过程应以学生原有的知识结构作为新知识的生长点，将所要学习的知识"生长"到学生已有的认识上。"化学与生活""化学与技术"与必修模块属于拓展应用关系；"化学反应原理""物质结构与性质""有机化学基础"与必修模块属于分化递进关系；"实验化学"与必修模块属于从属渗透关系。各模块相互渗透、互为补充，突出了知识的开放性与综合性，在生成显性知识的同时，生成了隐性的知识——思维。生成性教学在化学教学中最直接的体现是"概念变化"。所谓概念变化，是指学生在新的学习中，不同程度地扩展、更改或重组头脑中的已有概念以适应科学概念，从而构建自己的知识的过程。

## （五）注重师生交流，关注异质反馈

化学概念教学中无论采用何种教学策略，学生之间、师生之间的讨论和交流都是不可或缺的，因为只有进行充分的讨论和交流，才能暴露学生概念学习中的困难问题。在进行交流时，教师不仅应关注已有共识的同质性回答，更应重视异质性反馈。异质性反馈往往是学生学习化学概念过程中观念的碰撞和思想的交锋，能够帮助学生从理性上认识化学概念。

# 第二节 化学教学原则

化学学科的发展和化学前沿科学在人类发展中的重大作用，要求在基础化学教育的课程内容中适当反映化学发展的动态、与化学前沿科学相关的化学基础、化学科学在人类社会发展中的作用等内容。当前的化学课程呈现化学新知识，内容富有时代气息，也体现了科学大综合、学科大交叉的科学发展趋势。中学作为基础教育，教育部从适应新形势入手，制定了严格的教学标准和原则。教学标准和原则是人们为了在教学过程中遵循教学规律，根据教育方针、教育目标和教育任务制定的，它们是指导教学工作的基本要求，也是教学工作中教师应该遵循的基本准则。

在教学过程中，教师结合教学实际，正确运用教学标准和原则，不但有助于教学质量的提高，而且有助于教师专业发展。教师在教学过程中，要结合化学学科教学的自身规律，吸纳先进的教学理念、新知识，获取新信息，并善于把这些新理念、新知识、新信息合理地运用到教学实践中，并通过归纳、总结，形成独特的教学理念；要给学生充分的动手、动口、动脑的时间，使学生经历观察、分析、推理、综合的亲身体验，这样才能完整地理解概念的内涵及其外延，全面地掌握规律的实质，在思维上得到真正的锻炼，体现其学习的主体角色；要根据新课程对化学教学的要求和化学教学过程的规律性，结合学生朝气蓬勃，思维活跃、敏捷，兴趣广泛的特点，参照国内专家的研究成果，改进教学方法，实现教学方式多样化，恰当运用现代化的教学手段，提高教学效率。因此，在化学教学中一定把握以下原则。

## 一、化学思想方法教育的原则

化学学科在其产生、发展和形成过程中，形成了化学学科思想和方法体系。与具体化学知识相比，化学学科的思想方法更重要，它们具有更基本的基础性和更普遍的适应性，对发挥化学教学的育人功能发挥着更为重要的作用。因此，只教化学知识的教学是不够的，完整的化学教学必须包括对学生进行化学思想和化学方法的教育。

从认识论的角度看，学习化学是从感性认识开始的，感性认识是基础，但是，如果只停留在化学事实材料的感性认识阶段，不可能达到对化学学科的真正认识。对于感觉到的化学事实并不一定能够真正理解它，只有对化学现象、化学事实上升到理性认识阶段，理解了才能更深刻地感觉它。

从化学学科内容的角度分析，化学学科内容至少包括用文字、公式、图表等多种方式表示的化学知识以及蕴含在知识中的化学学科思想方法。化学知识是化学思想方法的具体表现，而化学学科思想方法是产生和形成化学知识的源泉，二者不可分割地融合在一起，且化学学科的思想方法对化学学科乃至全部自然科学的发展产生了更为深刻的影响。由此可见，进行化学思想方法教育应该也必须是化学教学的重要任务。

就化学教学而言，提高学生的科学素养，全面实施素质教育是重要的课程目标，而让学生经历科学探究过程是重要的课程理念。《化学课程标准》指出："科学探究既是学习内容，又是重要的学习方式。"上述课程目标的实现及课程内容的实施都和化学学科的思想方法教育密切相关。只有把化学学科思想方法与化学知识融为一体实施教学，学生才可能学到有血有肉的化学知识，才能在学习过程中形成提出问题、分析问题和解决问题的能力，进一步提高科学素养。可见，化学学科思想和化学学科方法的教育是提高学生的科学素养、全面实施素质教育的有效途径。只有进行了化学学科思想和化学方法的教育，才可能完成中学化学的教学任务。

## 二、坚持科学性、教育性与艺术性相结合的原则

在化学教学中，必须坚持教学的科学性。强调教学的科学性，就是要准确无误地向学生传授化学知识，规范化学实验操作，准确地描述化学现象，正确讲授化学概念、化学规律、化学定理、化学原理、化学例题和习题等。一方面，在教学中教师要正确地运用化学语言，对化学内容表述正确、表达准确；另一方面，要结合学生实际和课程标准要求，科学地把握和处理教学内容。教师既要做到讲准确、讲清楚，又不要一次把某一个问题讲深、讲透、讲全，要循序渐进，给学生接受和吸收的过程。

科学性、教育性与艺术性是相互独立的，又是相互依赖、相互渗透的，在化学教学中，三者缺一不可。坚持化学教学的科学性，除了教给学生科学、准确的化学知识之外，还要教给学生研究、分析、处理、解决问题的正确方法以及科学的学习化学学科的方法，引导并帮助学生掌握化学知识的基本结构。教学具有教育性是由教学规律决定的。教学的最终目的是培养人，教书和育人始终是不可分离的，化学教学也不例外。这就决定了在化学教学中必须强调和重视教学的教育性，把教育性渗透到化学教学过程中的各个环节。化学教学的教育性主要表现在对学生进行思想品德教育和培养学生的科学素养方面，如结合教学帮助学生树立科学发展观，形成节约能源、保护水资源、保护自然等人与自然和谐相处的生态文明意识；结合教学

帮助学生形成科学精神，使学生相信科学、热爱科学、学习科学、追求科学，养成实事求是的科学态度，树立世界是物质的，物质是变化的，变化是有规律的，使学生能够用辩证唯物主义观点分析、解决问题；结合教学帮助学生了解科学与社会的关系，树立正确的人生观、世界观和道德观，形成关心他人、关心社会、关心集体、团结协作的品德以及利用科学服务人类的高尚情操。教学涉及教师和学生的活动。人是富有感情的，教学过程中除了人的认知因素之外，还涉及人的情感领域的诸多因素，因而情感因素在教学中同样起着重要作用。人们常说的"亲其师，信其道"就是对情感作用认识的一个例证。既然情感在教学中起着重要作用，那么要取得好的教学效果，就不能只讲教学的科学性，教学还必须讲究教学的艺术性。所谓教学的艺术性，实质上是指教师创造性地应用教学方法。教学艺术是教师为了突出教学重点，取得良好教学效果，达到育人的目的而使用的教学方法。比如，在教学过程中，教师可以把示范性教材变为探究式学习内容，把封闭性的问题变为开放性的课题，努力为学生创设动手、动脑的氛围，培养他们动手、动脑的兴趣和信心。

教学的科学性、教育性和艺术性三者相辅相成，构成统一的整体。三者的关系：科学性是根本、基础；教育性渗透在科学性的教学之中；艺术性表现在科学性与教育性的完美结合之中，使教学达到最优化，取得良好教学效果。

## 三、坚持突出学科特点、创设情景、注重观察实验的原则

任何学科的教学都与本学科的特点有关，化学教学也不例外。化学是一门以实验为基础的自然科学。学习化学首先要认识化学现象和化学事实，建立相关的感性认识，而实现这种认识的有效方式之一就是观察和实验，这也是提出在化学教学中，注重观察和实验的重要依据。根据化学学科特点，提出突出观察和实验对中学化学教学具有重要作用。第一，突出观察和实验有利于创设符合学生认知规律的学习化学的环境，使学生形成对化学的感性认识；第二，实验具有直观、形象和可操作性等特点，而中学生具有强烈的好奇心和求知欲，因此，突出观察和实验，能够有效地激发学生学习化学的动机和兴趣，这一点符合中学生的心理发展特点；第三，实验既是化学学科的基础，又是化学学科的重要内容和研究方法，因此，突出观察和

实验有利于在化学教学中渗透化学方法教育；第四，从一定意义上讲，化学实验是化学教学中的事实材料，而要成功进行化学实验，就必须具备科学的态度，尊重客观事实，因此，化学教学中要突出学科特点，注重观察和实验；第五，学生在学习化学的过程中，实验不是简单地动手操作，真正的实验离不开思维的参与和化学理论的指导，只有在积极的思维参与和正确理论指导下，实验才是真正意义上的高水平实验。在实验过程中，一方面，突出观察和实验，有利于使学生既动手又动脑，手脑并用，理论联系实际；另一方面，突出观察和实验，绝不能轻视理论对实验的指导作用和实验过程中对学生思维能力的培养。

中学化学教学探究只有在化学环境中，才有可能让学生真正学到化学，而观察和实验是根据教学要求创设的以探索化学问题最适宜的化学环境。在化学教学中，教师必须创造学习化学的环境，使客观的事物现象形象化，便于学生观察；学生也能通过观察、实验，对化学事实、化学现象和变化过程有清晰而明确的印象，积累大量生动的、具体的感性知识和数据，发掘出有待探索和思考的问题，从而能够更牢固地掌握要学习的知识。

## 四、坚持素质教育的原则

### （一）坚持全员性

学生学习化学知识的过程，主要是掌握化学概念和规律的过程。观察、实验、掌握化学方法等技能都穿插和渗透在对概念和规律的理解和运用中。学生在学习过程中，会由于客观知识的相似性及不同学生个人人为的同义性，造成混淆客观上并不相似的事物；由于学生不习惯展开想象、用静态想象代替动态想象或以回忆代替想象，易产生片面性的分析，导致错误的发生；还会由于认知水平的差异及其他心理因素的障碍，妨碍学生正常地接受化学概念和规律，使一部分学生从心理上觉得化学学科抽象、难学。因此，化学教师要提高自身的素质，全面、科学地采取合理的教学方法，因材施教，面向全体学生，不"唯分数"论，不以"人人升学"为目的，而以"人人成才"为方向，以全面提高民族的科技素质为己任。

## （二）坚持全面性

智育，是化学教学的基本成分。一方面，它包括知识教育、能力培养、技能训练等；另一方面，化学教育的德育、美育、劳动技术等教学成果，在意识和实践领域以某种高于或异于智育的效果发挥着能动作用。

## （三）坚持有效性

化学教学素质教育的长期有效性集中体现在：化学学科思想的体现，化学学科的应用，化学教学倡导的科学思想方法，化学学科所培养的能力以及非智力因素的发展。化学教学素质教育的有效性具体表现在：培养学生一丝不苟、精益求精的科学态度；培养学生树立相信科学、依靠科学的信念和求实精神；培养学生相互合作和善于同别人合作的习惯；重视培养意志品质，使学生以坚定的信心克服学习上的一切困难。

## （四）承认差异性

学生在学习化学时，由于在智力水平、已有的知识基础以及掌握生活经验等多方面的差异，会影响对新知识的学习和掌握，从而产生不同的学习效果。这就要求化学教师在进行教学时，把学生看成是一棵棵不同品种的小树，要给他们提供适合自身生长的条件，帮助他们按其特定的能力和自然趋势发育成长，即选择不同的方法，有针对性地对每位学生实施最优化教育，促进学生的智力和能力最大限度地发展。

## （五）坚持主动性

学生对化学学科的学习往往具有强烈的兴趣和好奇心，因此，化学教师应当充分利用学科优势，创设一个生动活泼的学习氛围，使学生的自然兴趣进一步升华，让他们像科学家一样去自行发现规律、解决问题，坚定他们学好化学的信念，使他们由被动接受知识变为主动探求知识，使其智力潜能得以充分发掘。

## （六）激发学生兴趣

在人的各种活动中，兴趣起着很大的作用。人做喜欢的工作就进行得顺利，甚至废寝忘食、不辞辛劳，而且成效显著、效率惊人。所以，教师在进行化学教学时，应该运用学科本身的魅力去激发学生求知的兴趣和情感。教师的情感会影响学生，如果教师有强烈的求知欲，热爱本门学科，以饱满的热情带领学生，就会对学生的学习兴趣和情绪产生巨大的影响。

## 五、坚持贴近学生生活、联系社会实际的原则

化学学科与人类生产、生活和社会有着极为密切和广泛的联系。学生在日常生活中随时随地都接触到化学问题，且有大量的化学问题不仅与中学化学密切相关，而且能引起学生的关注和兴趣。例如，在日常生活中，很多食物为什么会发生霉变；洗衣服的时候，为什么加洗衣液能除去油渍等。面对上述问题学生，必然想解开疑团，求得问题的答案，从而产生一种求知的欲望和学习的动力。如果教师在相关化学知识教学中能联系学生的生活实际，通过教学使学生能用学到的化学知识解开生活中与化学有关的疑问，那么随着学生疑团的解开，不但使学生心理得到极大的满足，还使学生体会到化学是有用的，体会到化学学科就在自己的生活中，消除学生对化学学科的神秘感，激发其学习化学的兴趣，培养学生理论联系实际、把化学知识应用于生产和生活、解决实际问题的意识和能力。因此，搞好化学教学，一定要坚持贴近学生生活、联系社会实际的原则。

总之，在具体的化学教学实践中，教师要根据实际，灵活、恰当、创造性地运用才可能取得有效的教学效果。

## 第三节 多媒体、实验在教学中的地位和作用

化学是一门以实验为基础的科学，但因为高中化学具有"繁、难、乱"的特点，所以不少同学对学习高中化学感到困难。在高中化学教学中，可以通过优化和模拟实验，提高实验教学能力，突破学习的时间、空间局限性；可以运用电脑网络、多媒体等现代信息技术辅助教学，改变传统的教学模式，充分调动起学生学习的积极性，从而提高教学效率，优化课堂教学；也可以利用现代信息技术使抽象的理论概念形象化，帮助学生理解和掌握基本概念，打消学生的畏难情绪，调动学生的积极性。

## 一、抽象的理论概念形象化

多媒体信息技术可以运用声音、文字、图像、动画等生动鲜明的特征来调动学生的感官，刺激学生的求知欲望。尤其是当今网络时代信息技术发达，很多的新鲜资讯和知识给了我们更多的选择机会。教师对选材进行加工，可以使知识更加生动地展示在学生面前，产生丰富的信息量，保证课堂教学质量，从而实现课堂的优化组合。

## 二、加深学生对化学知识的理解

化学实验本身就是化学学科不可分割的重要内容。化学学科的任何一部分内容的结构及其发展都可以分解为三种因素：实验、概念体系和教学。可见，实验内容本身就是教师要教、学生应该学的重要内容。

### （一）化学概念、化学规律的实验过程和方法是化学学科的重要内容

化学教学必须以概念、规律为核心，因为概念和规律是化学理论的重要部分，掌握了这些知识能够更好地学习新的化学和现代科学技术知识。形成概念和认识规律的实验过程和方法同样具有重要意义，因为这些过程和方法不仅对形成化学概念和认识化学规律很重要，而且具有广泛的迁移价值。在学生今后的生活、工作环境中会遇到各种各样的实际问题，而解决这些问题的模式和方法与实验的过程和方法有许多共同之处。通过实验的过程来学习科学方法，对学生适应未来生活的挑战具有重要意义。因此，实验应该是化学教学的重要内容。

### （二）实验是培养学生实验能力（特别是操作能力）的保证

从教师的演示、示范和学生自己的动手操作中，学生可以从中学到实验的基本知识、基本技术和基本方法，可以发展能力，培养良好的实验素质。

## 三、激发学生的学习兴趣

在化学教学中利用现代信息技术整合教材中的动画、图像、解说、文字、音乐

等多种信息，使学生观其境、闻其声、思其理、闻其道，多感官协同，充分调动学生学习的积极性、主动性。首先，多媒体在课前知识引入方面，给教学带来了不少助力，有利于教师成功开启一堂课程，抓住学生的注意力。总之，多媒体在丰富课堂内容、激发学生学习探究兴趣等多方面发挥了不可替代的作用。多媒体利用视、听、说向学生提供声、像、图、文等综合信息，为多种感官的刺激提供了若干个兴奋点，有利于学生注意力的保持。它的信息组织方式与人类长期记忆结构相似，减少了记忆信息和加工转换的过程。

## 四、突破学习的时间、空间局限性

"促进学习方式的多样化，发展高中生自主获取知识的愿望和能力"是新课程理念的要求。运用多媒体网络可以缩短时空距离，加强人与人之间的交流和联系，开阔学生的视野，使学生形成相互帮助、相互合作的优良品质。当前互联网技术非常发达，人们交流的方式多种多样，特别是现在微信公众平台上有很多有关化学学习的公众号，如"高中化学""高中化学园""生活中的化学"等，都向我们提供了高质量的高中化学学科免费资源以及当前热门的微课、翻转课堂等。这些网络教育资源扩展了化学课堂的时空范围。从广泛意义上讲，化学课堂不仅仅是几十分钟，只要连接网络，化学课堂就可以是随时的，其能在一定程度上突破时间和空间的限制，扩大直观视野，充实直观内容，强化直观效果，丰富感知材料。另外，现在很多学校都开通"人人通"云教学平台，如果学生有疑难问题或是有好的想法都可以通过云教学平台与老师或者同学进行相应的沟通。

## 五、增强学生对化学规律的记忆

从记忆的角度来看，化学教学探究结合实验讲解的化学规律远比用单纯的语言讲解给学生留下的印象要深刻。化学教育家朱正元曾经说过："对于化学概念、化学规律等一些理论的东西，往往是千言万语说不清，一看实验便分明。"很多化学概念如果不让学生动手做实验，他们会很迷惑，不知道几种物质因素关系。如果不做实验，仅凭语言描述，学生无论如何也不能很好地记忆和理解，即使学生记住了，也会感到单调、枯燥，不理解，甚至不相信；如果通过实验，让学生观察，以不可辩驳的事实，就能给学生留下深刻的印象。

## 六、培养学生的探索精神和动手能力

我们在平时要引导学生多做一些探索性实验，培养其创新能力，大胆改革传统的实验教学模式，科学地设计实验教学程序，优化实验教学过程、实验教学方法，既培养学生的创造力，又培养学生创造性的思维。因此，利用设计性实验能有效地培养学生解决化学问题的能力和创造能力，同时也让学生亲身体验自主选择器材、设计实验方法，在实验过程中发现问题和寻找解决问题的方法和乐趣；通过创设条件，让学生充分地动脑、动手，能有效地提高学生自主实验的积极性，激发学生的创造性思维，对学生创新能力的培养起到潜移默化的影响。

在化学学科学习过程中，化学规律一般都是通过实验总结出来的。现代信息技术在化学实验教学方面有着传统教学方法所不及的优势。有相当一部分化学实验，由于无法在课堂上直接演示，学起来比较抽象，学生既要理解课本中的文字说明，又要发挥想象力，很难弄清反应原理。但利用现代信息技术，将这些抽象、复杂、不易弄清的内容制作成课件，在屏幕上进行微观放大、宏观缩小，动静结合，在短时间内从多角度、多层面展示化学反应流程，使知识由抽象变成形象，让学生易懂、易掌握。例如，氯气、一氧化碳的毒性是无法让学生感知的，这时教师可借助电脑设计三维动画片展现小老鼠中毒死亡的过程，展示中毒现象的原理，使学生获得直接的感知。对于一些化工生产过程，如石油的炼制、钢铁冶炼、合成氨、纯碱的生产等，大多数学生未见过，缺乏感性认识，而用多媒体计算机在屏幕上进行宏观缩小、动静结合、形象逼真地演示出一步步生产过程，也可重复演示或局部放缩各个环节，让学生获得直观感受，有利于其对知识的掌握。

## 七、促进师生情感的加深

教师的教育教学活动，是教师根据教育对象的实际情况和教育教学目标的要求对受教育者实施的有目的、有计划的教育过程。在这个活动过程中，教师起着主导作用，而学生则处在相对被动的从属地位。师生关系是由师生双方对对方的各种认识、情感和行为等因素综合构成的动态系统，其中任何一种因素都会或多或少地影响师生关系，最终不同程度地影响教育教学效果。就学生而言，压抑、低落的情绪会使大脑皮层相应区域的脑细胞产生抑制，对学习产生阻碍作用；相反，在轻松愉快的气氛和心情条件下，脑细胞容易被激活，智力活动处于最佳状态，有助于记忆、思维和想象活动，便于知识的获得。同样，教师在低落、消极的情绪中，往往不能发挥自己最佳的教育教学技巧，无法良好地表达教育教学内容。而积极的情绪，则有助于教师综合运用得体的教法传授教学内容。因此，建立良好的师生关系，对达成教育教学目的、提高教学质量起着至关重要的作用。

教师要热爱自己的学生，关心他们的学习和成长。当学生在学习中遇到困难和挫折时，教师要耐心地帮助他们分析原因，找到解决问题的办法，而不应过多地苛求、指责，要让每位学生都感受到老师的关爱和期望。师生的情感交流是双向的。由于高中学生心理发育尚不健全，教师处在主导地位上，因而教师必须考虑到学生的年龄、性别的不同，群体和个体的差异，主动采用相应的感情交流途径与方法，要正确理解"师道尊严"的内涵，清除盲目的"唯我独尊"的心理，主动积极地营造融洽的师生关系。

## 八、教学中常用的现代信息技术

### （一）投影技术

有些实验对实验仪器、条件和操作能力都有较高的要求，在整个实验过程中，都需要全神贯注，如出现小小的误差都可能会引起实验失败。这样既浪费实验药品，又浪费教学时间。通过应用投影的技术来演示这些实验，避免由于反应过快而无法准确观察实验现象，学生能够在整体上把握实验的重点，掌握全面的实验结果。

### （二）视频技术

视频技术可以给学生演示不易在实验室或课堂上实现的实验，如危险性大、耗时较长的实验，操作烦琐、不易观察的实验等。在实际教学中，可以利用视频来演示这些实验，有利于教学目标的实现。例如，浓硫酸稀释的实验，因为浓硫酸密度大于水，具有强腐蚀性，溶于水放出大量热，如果不按照正确操作流程进行稀释，会导致酸液暴沸溅出，对操作人员会带来伤害。所以，为防止酸液溅出造成危害，必须按照正确操作将浓硫酸慢慢注入水中并搅拌。在实际的实验教学中，我们不能演示错误操作顺序带来的危害，可以通过视频演示，引起学生的高度重视，使其严格按照正确的操作步骤进行实验。

### （三）动画模拟技术

模拟技术可以模拟许多实验，如上面提到的错误实验操作将带来的危险和伤害。再如，有机化学的反应原理部分是重点和难点，而且非常抽象，使学生理解起来有些难度，而利用动画模拟技术很容易解决这些传统教学方式不能做到的问题。例如，乙酸乙酯的制备，通过模拟技术演示乙醇和乙酸的断键位置和重新结合成新的化学键的过程，可以加深学生对反应原理的理解。

### （四）选用数字传感技术

化学反应速率比较抽象、难以理解，也是考试的重点内容。数字传感技术在这一重点章节有非常重要的应用。现代信息技术在化学实验教学中的应用变得越来越实用和有效，充分发挥出实验对教学的促进作用。重视和创新化学实验，对于提高高中化学教学质量具有深远意义。

# 第四节　化学教学的反思

## 一、教学理念的反思

教学理念能够指引教师的教学态度和教学行为。新课程改革本身就是一种教学理念和教育方法的深层次改革。作为改革的主要实施者，教师必须更新自身的教育理念，才能真正实现改革目标。

新课程背景下，化学教师应该经常反思自己或他人的教学行为，及时更新教学理念。新的教学理念认为，课程是教师、学生、教材、环境四个因素的整合。教学是一种对话、一种沟通、一种合作共建，而这样的教学所蕴含的课堂文化，有着鲜明、和谐、平等的特色。那么，在教学中如何体现新的教学理念呢？即在"教"与"学"的交互活动中，要不断培养学生自主学习、探究学习和合作学习的习惯，提高他们独立思考、创新思维的能力。要转变教学理念，教师应加强对历史与社会教学理论的研习，如《化学教学》《中学化学教学参考》杂志和《中学生化学报》中开辟的一些栏目中的讨论文章对更新教学理念就有许多帮助。

## 二、问题意识的反思

进行教学反思，首先要能够发现教学中存在的不足和问题。许多化学教师没办法进行教学反思，本身说明其发现问题的意识和能力比较薄弱，因此，要提高化学教师的教学反思水平，必须先提高化学教师发现问题的能力。化学教育实践经验告诉我们，只有那些善于在教学中发现问题的教师，才能够对问题进行反思，并最终将反思结果用于指导实践，从而实现教师的全面、综合发展。由此可知，对化学教师进行问题意识的培养，对提高其教学反思能力来说意义重大，如在对教材的解读与处理的反思上。教师要上好课，影响的因素很多，但其中最重要也是最基础的因素是教师对教材的正确解读和巧妙处理。这就像感人的话剧，首先要有感人的剧本；动听的演唱，首先要有动听的词曲。优秀的课堂需要教师充分地备课。学生不同，教师不同，教师对教材、教法的理解就不同。教完一节课，教师要及时回头望一望，认真想一想：概念怎样阐释的？公式怎样分析的？习题怎样处理的？对教材的解读是否到位？新知识与学生原有的认知结构是否建立了联系？学生的认知结构有无欠缺？若有，这些欠缺是如何造成的、如何尽快补救等。

## 三、教学实践的反思

在实际教学中，除了要加强教师教学反思能力以外，还应该对教师将反思结果运用于实践的能力进行培养。反思只是教师的心理活动，而这种心理活动如果不运用到实践中，就无法发挥指导实践效果，也就无法将反思的作用真正意义上发挥出来。

因此，在教学过程中，教师应该学会善于对自身的教学活动进行观察，发现其中的问题，并及时寻求对策，将对策运用于实际教学。教师应该形成将反思及时运用于实践的意识，这样才能真正实现反思到实践、实践到反思的良性循环。在教学实践中，教师首先要确保对知识与技能、过程与方法、情感态度与价值观三维教学目标的全面落实；对基础知识的讲解要透彻，分析要细腻，否则会直接导致学生的基础知识不扎实，并为以后的继续学习埋下祸根。其次，要对知识的重点、难点准确把握，若不正确、不明确，教学过程就失去了方向。因此，教学目标和教学重点、难点是教学活动的依据，是教学活动中所采取的教学方式、方法的依据，也是教学活动的中心和方向。在落实教学目标的课堂教学中，如果仅仅对重点的知识重点讲，或是误将"难点"知识当成了"重点"讲，均会造成课堂教学的失衡，而这种失衡会直接导致教学效率和学生的学习效率下降。例如，在"碳酸钠的性质与应用"一课中，碳酸钠和盐酸反应生成二氧化碳使气球变大的实验过程中，如果由于药品用量过少，导致气体压强太小或者密封不好，学生很难看到明显现象。经过反思，我们可以做如下改进：在两个量筒中加入同等重量和体积的盐酸，再滴入相同剂量泡沫剂，用等物质量的碳酸钠加入量筒内，可以通过泡沫上升的快慢、高度判断反应速率的快慢和产生二氧化碳的多少。

## 四、拓展知识结构的反思

教师的教学质量高低，很大程度上取决于教师知识结构的丰富性和完整性。不论是教师的课程知识结构、教学方法知识结构还是学科知识结构，都能够对教师的教学反思起到重要的指引作用，对于增强教师的教学反思效果和正确性具有重要的价值。此外，教师的教龄以及职称对于教师的教学水平影响很大。教龄越长，教师一般会具有更加丰富的教学经验和理论功底，其教学反思能力就会越高。职称越高的教师，一般具有更丰富的教学知识和更加地道的教学方法。因此，对高中化学教师来说，拓展其知识结构，提高其教学反思能力是十分可行且必要的。教师如何提高专业修养、丰富专业学识呢？关键是多研读化学名著、化学学术论文和化学著作等。阅读这些具有较高学术价值的名著，可以提高专业素质。

## 五、对学生学法指导的有效性反思

教学的主体是学生，所以在教学中教师应该转变以往那种以讲解知识为主的传授者的角色，努力成为一位善于倾听学生想法的聆听者、帮助学生建构知识体系的引领者；要改变以教师为中心的传统授课模式，注重教学过程中学生在师生双边活动中的主体参与；进一步完善教育教学理论，解决理论与实践脱节的问题；构建理论与实践相结合的桥梁，促进教师由经验型教师向学者型教师转变。

（1）面向全体学生，兼顾两头。班级授课是面向全体学生的，能照顾到绝大多数同学。在因班施教的前提下，还要因人施教，对学习能力强的同学要提优，对学习有困难的学生要补差，加强课后指导和辅导。

（2）发挥学生的主体作用。要增强学生的参与意识，充分发挥学生的主体作用，给学生以充分的动手、动口、动脑的时间，要注重学法指导。中学阶段化学概念的形成，是在大量的化学现象的基础上归纳、总结出来的，是在已有的概念、规律的基础上通过演绎推理得到的。只有让学生积极参与教学活动，给他们以充分的动手、动口、动脑的时间，充分经历观察、分析、推理、综合等过程，才能完整地理解概念的内涵及其外延，全面地掌握规律的实质。在教学方式上，要恰当运用现代化的教学手段，提高教学效率。科技的发展，为新时代的教育提供了现代化的教学平台。老师除了采用对学生提问、分组讨论等传统的教学方式之外，还可以适当地利用网络资源，运用电化教学手段，要求学生查资料、写小论文等进行学习。

## 六、教学基本策略方面的反思

在具备一定的教学理论和学科专业基础上，新课程下的化学教师应主要以课堂教学过程和效果为中心进行教学反思。

### （一）化学课案例研究

"所谓案例，其实就是在真实的教育教学情境中发生的典型事件，是围绕事件而展开的故事，是对事件的描述。"案例研究就是把教学过程中发生的这样或那样的事件用案例的形式表现出来，并对此进行分析、探讨。案例研究的素材主要有三个方面：一是研究自己的课堂，并从大量的教学实践中积累一定的案例；二是观察别人的课堂，从中捕捉案例；三是在平时注意搜集书面材料中的案例。

## （二）化学课的听课活动

听课作为一种教育研究范式，是一个涉及课堂全方位的、内涵丰富的活动，特别是不含有考核或权威指导成分的同事互相听课。听课自由度较大，通过相互观察、切磋和批判性对话，有助于提高教学水平。听课者对课堂中的教师和学生进行细致的观察，留下详细、具体的听课记录，并做好评课。课后，再与授课教师及时进行交流、分析，推动教学策略的改进，这在无形中会促进化学教师教学反思能力的提升。

## （三）课后小结与反思笔记

课后小结与反思笔记，就是把教学过程中的一些感触、思考或困惑及时记录下来，以便重新审核自己的教学行为。新课程下，化学教学中需要教师课后小结、反思的地方太多了，建议老师在教案本中《教学札记》栏目内及时记录下来，会对老师的教学有很大帮助。

# 七、课堂中学生的发言、观点和认识的反思

苏霍姆林斯基在《教育的艺术》一书中说："课堂上一切困惑和失败的根子，在绝大多数场合下都在于教师忘却了上课，这是学生和教师的共同劳动，这种劳动的成功，首先是由师生相互关系来决定的。""知识只有触及人的精神领域时，才会变得鲜活而富有生命。"因此，对学生的课堂表现进行反思就显得尤为重要。教师应立足化学学科，让学生通过联想、想象将所学知识与个人经验结合起来，触及学生的态度与情感，发展其智慧，提升其思想。这种教育并非虚无缥缈的，应通过各种教学活动的过程来体验、培养使学生明白"化学来源于生活，又服务于生活，学好化学就可以享受生活"。学生的语言虽然显得有些稚嫩，对道理的感悟略显生硬，但是毕竟是有感而发的。给学生发声的机会，就会开阔学生联想、想象的空间，升华学生的认知，以知生情，这也是化学学科核心素养的要求。

## 八、对教学技能的反思

（1）讲授正确，语言规范、简练。良好的语言功底对一名一线教师非常重要。化学是有着严密逻辑性的学科，首先不能讲错，推导要流畅，过度要自然。其次，语言要优美。教师的语言应是科学的、优美的。语言是意识的外化形式。抑扬顿挫的语调，优美动听的语言，既使学生享受美妙的语言，又对化学教学产生直接的影响。在课堂上，教师声情并茂地描述，言简意赅地讲解，灵活地举例说明，能大大提高学生学习化学的兴趣，并有效提高教学效果。

（2）板书精当，书写工整。好的板书有助于将教学内容分清段落、表明主次，便于学生掌握教学内容的体系、重点。所以板书要布局合理、提纲挈领、层次清楚、端庄大方。有的老师为了强调某个观念或它的某个特征，往往重复在一些字、句下面加点、加圈、加波纹线，"五彩缤纷"，致使版面很不整洁。此外，板书难免有错漏。我们写好后要复看一遍，有错的能及时修改，错的地方不要用手掌随便一抹，否则黑板就成了"花脸"。板书又快又好，应当是努力的目标。同时老师也要练就一些作图的基本功，学会画直线、画圆、画各种姿势的小人物等。

（3）教具的使用、实验操作熟练、规范。教师在上课之前应对教具和实验仪器的功能了如指掌，并能熟练地进行规范操作，避免在演示时操作不熟练，甚至是操作错误。

总之，虽然新课程下关于化学教师教学反思的研究目前还是个新课题，许多的反思问题都还需要我们进一步深入探索，但化学教学反思对化学教师的成长作用是显而易见的，是化学教师实现自我发展的有效途径，也是提高化学教学质量的新的尝试，更会促使化学教师成长为新时期研究型、复合型的优秀教师。

# 第二章  化学教学策略

## 第一节  教师对新教材的适应

### 一、课程改革后高中化学的特点

课程改革后的高中化学教材继承了我国化学教材优势，以国际视野追求发展，充分体现了《基础教育课程改革纲要》的精神和《普通高中化学课程标准》的理念及要求，力图从课程功能、学习内容、教学方式、课程评价等方面实现课程改革目标。总体讲，课程改革后高中化学有以下几个新特点。

第一，新教材注重化学学科思想、方法和科学精神的教育。化学学科思想和方法是人们认识和把握自然规律的结晶，是人们在科学发展过程中所形成的思维和行为。学习化学思想和方法，有助于学生了解人类对自然界的认识及发展的基本规律，了解化学家认识和发现自然规律的基本方法，以化学家认识世界本来面目的方式去认识世界。化学学科的学习要求学生"通过化学概念和规律的学习过程，了解化学的研究方法，认识到化学实验、化学模型和数学工具在化学学科发展过程中的作用"。

第二，思想、方法在新教材中的渗透。新教材渗透了对学生进行科学思想、科学方法和科学精神的教育。新教材注重培养学生的科学素养，对发展他们的探究能力、实践能力有着十分重要的作用。新教材体现了基础性和时代性。随着社会职业的不断更换，知识更新的速度明显加快。学习型社会的到来要求人们必须具备扎实的、宽厚的基础知识。"高中化学课程标准"在"知识与技能"中不仅要求学生学习化学最基本的概念和规律，了解化学的基本观点、思想和方法，掌握化学实验的基本技能，还拓展了"知识与技能"的内涵，要求了解化学的发展历程，反映经典化学与近代化学的融合，关注科学技术的主要成就和发展趋势，以及化学对经济、社会发展的影响，关注化学与其他学科之间的联系及应用。新课程化学学科严格筛选化学中核心的、有生命力的基础知识、基本技能，以及对学生的科学思维、人生态度、科学情感和价值观有教育意义的基本内容进入教材。

第三，新教材关注学生的兴趣和体验，体现多样化的教学方式。教学一旦触及学生的情绪和意志领域，触及学生的精神需要，就能产生意想不到的效果。学生学习热情、探究兴趣、对知识的感悟等都有赖于学习情感的支撑。关注学生的体验就应以学生的经验与活动为基础，以学生积极参与、身心投入为前提。因此，教材要充分考虑让学生"接触"具体的事物，通过具体事物去寻找没有发现的问题，让所产生的疑问与学习的积极性联系起来；教材要有让学生表达自己看法和观点的空间，尝试让学生去说明难以说明的事物现象，这样才能调动他们进一步研究的积极性。为此，《高中化学课程标准》要求：经历科学探究的过程，尝试经过思考发表自己的见解，尝试运用化学原理和研究方法解决一些与生产和生活相关的实际问题，具有一定的质疑能力、信息收集和处理能力、分析和解决问题能力及交流合作能力，能领略自然界的奇妙与和谐，保持好奇心与求知欲。

第四，新教材体现了科学技术与社会的关系。在科学技术的社会化和社会的科学技术化成为一个重要特点的 21 世纪，公民不仅应当具有科学知识、科学方法、科学精神和科学态度，还应当认识科学技术和社会的相互关系，要了解科学技术对社会发展的积极作用，同时也要了解科学技术与社会是如何相互促进和发展的，这有利于培养学生用辩证、发展的眼光看待世界。为此，课程标准在总目标中提出让学生"了解科学与技术、经济与社会的互动作用，认识人与自然、社会的关系，有可持续发展意识和全球观念"。新教材在内容的选择上，既让学生了解科学技术的应用，又关注技术应用带来的社会问题。例如，高中化学人教版教材在讨论工业发展、技术进步的同时，分析了环境污染增加给人类社会带来的影响；在探究能源开发和利用重要性的同时，对能源的过分开发、环境遭到破坏给予了警示等。教材介绍了现代社会注重环保、注重资源的可持续发展等举措，如村民的退耕还林、垃圾回收工厂的建立等；还通过一些身边的小事启示学生爱护家园、节约能源可以从小事做起，如随手关灯、节约用水等。

第五，新教材体现了课程及教学内容的多样性和选择性。为使教材有利于不同学生的智力潜能开发，且对不同区域具有广泛的适应性，提出："普通高中教育仍属于基础教育，应注重全体学生的共同基础，同时应针对学生的兴趣、发展潜能和今后的职业需求，设计供学生选择的化学课程模块，以满足学生的不同学习需求。"新教材努力实现了这一要求。不同新教材都在课程内容的相应部分，设置一些可供学生选择的研究课题，关注不同学生的兴趣和发展潜能。新教材力图在关注共性的同时，体现不同系列的特色，根据学生的兴趣、发展潜能和今后的职业需求，尽力为学生的个性发展，增加课程的多样性与选择性。总之，高中化学新教材继承了我国以往教材的优势，强调教材的科学性、严谨性，注重教材知识结构的逻辑性和循序渐进，强调实验技能的培养。新教材在重视"双基"的基础上，进一步拓展中学化学课程培养目标，增强对学生科学探究能力、情感态度与价值观方面的培养，深入体现科学技术与社会的现代观念，注重学科交融，关注现代科技发展，以实现学生在知识与技能、过程与方法、情感态度与价值观三方面的全面发展。

# 二、新课程背景下的新教材

## （一）化学教材内容的改造程度

（1）能力要求。由原来的观察、实验、思维、自学四种能力，改成接受、吸收、整合化学信息，分析和解决（解答）化学问题，化学实验和探究的三种能力，提法更具体、更易操作。

（2）考察内容。由原来的基本概念和基本理论、常见元素的单支及其重要化合物、有机化学基础、化学实验和化学计算 5 个方面，变为化学学科特点，化学研究的基本方法、基本概念和基本理论，常见无机物及其应用，有机化学基础和化学实验 5 个方面，突出了化学学科特点，不再单独列出内容计算，而把计算内容分散在具体的知识内容中。

## （二）化学教材改造的原因

（1）教材的系统性、逻辑性不够强。化学是一门成熟的精密科学，实验事实是它的基础，逻辑关系构成了它的理论结构，两者缺一不可。化学具有较强的学科特色——逻辑性强。对教材内容逻辑性的质疑，成了广大化学教师调整教材内容的重要原因。当他们觉得教材内容的逻辑与自己已有的逻辑体系不符时，他们往往会选择调整。化学要培养学生的逻辑思维能力，因此教师需要对知识进行逻辑性、系统性的梳理。

（2）不利于促进教师的专业化成长。化学教师应该重视教材、回归教材、解剖教材，在研读教材的基础上促进专业化成长。首先，教师要对中学化学教材上通下达，对小学自然课中的化学知识熟悉，对与中学化学有关的新知识、新技术要了解；对中学化学的课程标准、教学要求、教材内容以及高考考试说明的理解要准确、熟练，能融会贯通、运用自如。其次，教师要强化教学设计和实施的能力，如教学设计、课内外教学活动的组织管理、举办讲座、组织运用和设计实验等。最后，教师要提升教学手段、教学方法的运用能力，能选择和运用传统及现代的各种教学工具和手段，做到信息技术和化学学科的有机整合。

（3）有利于激发教师的创造精神。教学是一种创造性活动。一位高素质的化学教师能自觉把先进的化学思想和科学的化学方法渗透、融合到化学教学中去，不仅能熟练完成教材中所有的演示实验，并能保证成功，而且能合理使用课程实验，研究创造性实验，提高教学质量和教学效果。

（4）有利于提高学生的学习兴趣。新教材的实验部分精心设计、布局合理，具有高度的艺术性，是化学教学的重要组成部分，是培养学生规范操作的主要方法，是激发学生兴趣和求知欲的重要手段，是发展学生能力及培养学生创新思维、掌握化学思想的重要环节。它可以帮助学生掌握正确的学习方法、规范的技术操作，并能受到良好的实验习惯的教育，促使学生主动地学习、逐步探究，有助于化学实验教学水平的提高。要研究教材内容的设置，通过实验、观察、分析，不仅应该让学生学到化学学科的基础知识和基本技能，而且要实现化学与科学技术及社会实践的密切联系，能体现化学学科的思想、观念及研究方法。

# 第二节　积极进行化学教学改革

## 一、中学化学教学方法改革趋势

21 世纪以来，知识经济时代特征凸显，系统科学理论进一步发展，一方面，以计算机和互联网为代表的现代信息技术，正以前所未有的速度改变着人们的生活方式和学习方式；另一方面，人文精神回归也是时代的必然要求。在此背景之下，世界各国的教育改革风起云涌，教学方法改革成为教育改革研究最多的课题。通过对近几十年来比较著名、影响较大的教学方法的分析研究，认为当前我国中学化学教学方法的改革具有以下六大趋势。

### （一）教学方法的智能性

新一轮基础教育改革把课程目标定位于满足学生发展与终身学习的需要，加强课程内容与学生生活以及现代社会和科技发展的联系，关注学生的学习兴趣和经验，精选终身学习必备的基础知识和技能；在教学上，改变课程实施过于强调接受学习、死记硬背、机械训练的现状，倡导学生主动参与、乐于探究、勤于动手，培养学生收集和处理信息的能力、获取新知识的能力、分析和解决问题的能力以及交流与合作的能力。当前课程的设置凸显时代特色，更新陈旧内容，充实广泛应用的先进科学技术知识和社会发展的最新成果，体现当代科学发展特征，注意与其他学科相融合。传统的教学方法已不适应时代发展的需要。教师作为知识传授者的传统地位被动摇，在传授知识方面的职能也变得复杂化，教师的角色也随之转变。在教学中，教师应充分发挥学生的主体性，以"学生本位"代替传统的"课本本位"，以"主动探究"代替"被动接受"。学生以研究性学习、探究性学习、合作性学习和自主性学习等多种方式参与学习。总之，教学方法不仅是为学生掌握基础知识、基本理论、基本技能以及培养基本素质服务的，更着眼于发展学生的智能。发展学生的智能、培养学生的能力是当前教学方法改革最为突出的趋势。

### （二）教学方法的两重性

当代教学方法的改革，更加关注学生的主体地位，更加注重教师与学生的合作、学生与学生的合作。教师的主导作用和学生的主体地位相互依赖、相互依存。教学方法，既有教的方法，又有学的方法。传统的课程设置只注重解决"是什么"的问题，而忽视解决"为什么"的问题，而反映在教学方法上，就只考虑教师的教，不太关心学生的学。实践证明，忽视学法，教法也就失去了针对性，减弱了实效性。时代在发展，社会变化日新月异。因此，全球范围内，终身学习的思想观念，正在变为社会及个人可持续发展的现实要求，学习已成为人的一种生活方式。"教会学生学习"已成为当今世界教育的重要口号。所以，教学方法的改革不仅要研究教法，更要研究学生的学法。例如，计算机程序教学把教材按逻辑顺序分成一系列小问题，使学习变得相对简单，并随时给予强化。学生可以借助于教学机械或程序课本，按自己的需要，自定步调，独立地学习。由此看来，教学方法的改革，既要关注学生的主体地位，又要重视教师的主导作用；既要考虑教的方法，又要考虑学的方法。这就是教学方法的两重性，它是当前教学方法改革的重要趋势。

### （三）教学方法的综合性

我国的教育事业与时俱进、不断发展，但传统的"注入式"教学方法早已不适应信息化、数字化的生存环境，其弊端越来越明显。为适应信息化社会人才培养的需要，教育教学必须加大改革的力度，以获取最佳效益。"以人为本"的教育理念、现代课程的时代性和选择性、学生个性的张扬、学习方式的变化等，会使教学方法丰富多样、异彩纷呈。针对高中化学教学实际，结合学科特点，以培养学生创新精神和实践能力为目的的教学方法就产生过实验探索法、问题讨论法、自学指导法、发现法、诱思探究法、研讨法、计算机程序教学法等。教学方法的丰富多样性，更加保证了"教"和"学"的有效性，更利于学生个性的成长，更有益于能力的协调发展。教学方法是多样的，但都各有其特点，都具有一定的适用范围。任何一种教学方法的选择，都要认真考虑教学内容的特点和具体的教学要求、教学环境、教学条件以及学生的身心发展所处的阶段特点，而千篇一律地采用一种方法是不符合教育实际的。实际上，在具体的化学教学中不可能总是使用某一种教学方法，而是将几种教学方法有机结合，彼此渗透或交替应用，以达到最佳的教学效果。这是因为，教学目的是多方面的，学习目标是立体的，教学过程是多环节的，学生的个性特征是有差异的，要实现教学目的、学习目标，自始至终使用一种教学方法显然是不科学的。在具体的教学过程中，不同的教学环节所适用的教学方法可能是不同的。另外，教学方法本身的局限性必然要求教学方法的综合。教学方法的综合性成为当前教学方法改革的主要特点。

## （四）教学方法的信息技术化特征

现代教育理论认为，一个人今天的学习方式，与他明天的生存方式保持着某种内在的必然联系。以计算机和互联网为代表的现代信息技术，正以惊人的速度改变着人们的生活方式和学习方式。信息素养已成为评价人才综合素质的一项重要指标，是当今学生进行知识创新和学会学习的基础。高效获取信息、鉴别信息的能力，以及自主、高效地学习与交流合作的能力，是信息素养最基本的构成。因此，培养和提高学生获取、加工信息的能力，培养学生具有终身学习的态度和能力，培养学生掌握信息时代的学习方式，培养学生自主探索、合作学习的精神，成为当前教师教学工作的一个基本任务。现代信息技术在教育活动中的渗透和扩展，带来了学习资源、学习方式、学习空间、教学过程等要素关系的转变。信息技术与课程整合的研究与实践，成为当前教学改革的一大热点。现代信息技术在教学过程中的广泛应用，信息技术与学科课程的整合，革新了传统的教学模式，带动了课程体系、教育内容和教学方法等的全面改革，推动了素质教育的发展进程。新的教学方法也就打上了信息技术的烙印。教学方法的信息技术化成为当前教学方法改革的一个显著特征。

## （五）教学方法的非智力性

学生身心、个性的全面、和谐发展是教育教学的出发点和落脚点。教育教学过程实施的每个环节，都必须建立在充分理解学生、尊重学生个性差异的基础之上。同时教育心理学的研究表明，兴趣、动机、情感、意志、性格等非智力因素与学生的学业成绩存在着显著的相关性。有人对高中生的研究发现，在人际适应、心身适应、抱负、自制性、独立性、自尊心、轻松、兴奋、情绪稳定等非智力因素方面，优等生的发展水平明显高于差等生。日本心理学家就非智力因素与创造力的关系问题，也曾对日本160名有突出成就的科学家或发明家进行调查。调查结果表明，这些人均具有与众不同的个性特征，他们具有鲜明的独立倾向和创新精神，凡事有主见，永远对自己充满信心。赞可夫就非常重视学生的情绪体验在学习中的作用，他断言："教学方法一旦触及学生的情绪和意志领域，触及学生的精神需要，这种教学方法就能发挥高度有效的作用。"不言而喻，教学方法的改革只有充分考虑智力因素和非智力因素的综合效应，才能真正取得成效。在当代教学方法改革中，人们正在摸索与创造发展非智力因素的方法，如愉快教学法、潜科学教学法、启发探究教学法、个别教学法、暗示教学法及和谐教学法等。

### （六）教学方法的最优性

教学是一个复杂的开放系统，应以系统科学为指导。系统科学理论认为，各部分功能之和大于整体功能。当前教学方法的改革正在探索寻求各种教学方法之间的优化、整合，目的是以寻求最优的教育教学途径，追求最佳的教育教学效果。教学方法的最优性，就是在对教学方法进行综合性的基础上，强调教学方法的智能性，重视教学方法的两重性，发挥教学方法的信息技术化特征，充分考虑教学方法的非智力性，尽最大可能实现素质教育的目标。教学方法的综合性所寻求的正是教学方法的最优性。值得称赞的是，近几年来，一些教育工作者无私奉献、敢为人先，在教学方法改革的过程中，艰苦前行，正在试行各种最优性的教学方法，如诱思探究法、引导发现法、问题数据学法、合作探究法等。这些教学方法旨在坚持"以人为本"的教育理念，促进学生个性全面、和谐发展，大力提升教学效益。

上述化学教学方法改革的六大趋势相互影响、相互联系。只有认真把握教学方法改革的趋势，才能在化学教学改革中稳妥前进，真正实现素质教育之目的。

## 二、课程教学改革

### （一）必须是以学生为本的教学方法

从广义上讲，凡是提高人的素质的教育活动都是素质教育。好的教学方法应该提高学生素质和教学效果，其含义是学校为完成一定阶段学生素质培养目标所规定的任务而进行的一切有目的、有计划、有组织的教育教学工作。可以看出，教学方法既体现一种教育思想，又表现为一种实践模式，它具有广泛的思想含义。首先，教育方法着眼于人的可持续发展，要求受教育者的基本素质必须得到全面的发展。其次，教育方法面向全体学生，要求每位学生都能健康成长，都能成为对社会有用的人才。最后，教学方法要贯穿教学过程，不仅重视学生知识和技能的掌握，更重视学生潜能和个性的发展。

## （二）构建多样化的教学模式

（1）必须建立面向全体学生的教育观。面向全体学生的教育观要求基础教育要淡化选拔意识，加强普及意识。有人说，搞基础教育的同志，不应该当伯乐，而应该去当好园丁，这是由基础教育的目标与任务所决定的。因此，实施新课程改革，必须树立面向全体学生的教育观。

（2）面向全体学生，化学教学的要求应该多样化。我们应该承认，学生是存在差异的，学生先天遗传的智力水平、后天发展的能力倾向与兴趣爱好是多样化的、多层次的。承认差异、依据差异对不同的学生制订相应的教学要求与教学目标，并进行组织教学才是真正地面向全体学生。对认知结构不同、能力层次不同的学生，要通过分层指导，使每位学生在原有的基础上得到应有的提高，使每位学生在社会所要求的基本素质方面达到规定的合格要求。

## （三）改革实验教学，培养创新人才

实验教学是化学教学实施创新教育的基础和手段，也是化学课程体系的一个组成部分。实验不仅对激发学生学习兴趣、提高学生实践能力具有不可替代的作用，而且是营造创新氛围，学会观察和分析，培养科学的实验方法和动手操作能力的有效途径。实验教学环节包括基本理论实验、综合性实验和开放性实验。基本理论实验和综合性实验是为了完成教学大纲任务性实验，而自主开放性实验是学生根据自己的想法，自我设计实验方案、搭建实验装置和分析实验结果的自主性学习过程。明确实验目的，设计实验方案，确定实验步骤，让学生利用所给的实验器材，观察实验现象，对实验数据进行处理，分析实验中存在的问题；改进实验方案，重新进行实验，让学生在不断实验中，学会比较、总结规律，同时对实验数据或相关信息进行比较、处理，在推理和归纳的基础上，尝试对探究结果进行描述、解释，提高严谨的语言表达能力。在这个过程中，学生的多种能力都能得到培养。这样不但可以极大地提高学生学习化学的兴趣，发展学生的个性，活跃学生的创新思维，同时也能让学生自主制订实验方案，充分发挥想象力。在实验教学中，教师要不失时机地对学生标新立异的方法给予肯定、支持和帮助，鼓励学生大胆猜想和独立思考，并通过实验否定错误的假设或修正不完善的猜想，从而有效地培养学生解决问题的勇气和信心。

### （四）强化基础教学，提高学生的综合思维能力

在将教学法渗透基本功训练的过程中，教师可对其加以深化，利用一些好的例题，把学生零散的基础思维综合起来，务求在教学中起到"举一反三""触类旁通"的教育效果。在例题教学中，教师要着重选择一些开阔学生思路、有针对性的例题，且做到放手让学生寻找一题多解、一题多变的解题技巧，以便促进学生惯性思维能力的形成。教师在学生陷入解题困境的时候，应该引导他们怎么拆分问题、分析问题，如何审读题目中的关键语句，从中发现突破点。教师应精选一些有代表性的习题，而且选择时要体现高中化学教学的针对性和启发性。教师在完成每单元的教学之后，可以适当给学生布置些练习题，以便巩固学生的基础知识。教师透过学生所做的习题，了解他们的不足之处，再有针对性地教育学生，进而提升高中化学的教学质量。这些习题只要典型，而且难度适中就可以了。在讲解的时候，教师要着重使用化学模型，这样可以增加解题过程的生动性与形象性；教师还可以把答案做出"重点""考点""了解""易错点"等标识，让学生在浏览的同时，为学生的"学习计划"提供参考及建议。

化学教学改革任重道远。化学教学并非一成不变，这就要求每位化学老师在教学实践中不断探索、改革、创新。

## 三、对教学改革的建议

化学是一门严谨的科学。基本概念、基本原理和基本技能等基本功的训练，永远是化学课程的核心，也是我国化学教学的优良传统，舍此谈不上什么科学素质教育。在我国传统的化学教学中适当地引进渗透式的教学方法，做一定程度的跳跃，可使

学生不过分地依赖教师，有利于激发他们的独立思考能力和创新精神。

## （一）关于习题

学生习题做不出来是正常现象，如果老师讲完课之后学生马上能做出习题来，就失去了训练的意义。不通过思考和领悟就能解题，反而不正常。做习题是让学生活学活用所学原理，去解决实际问题的一种训练。教师正面地给学生讲原理，对如何应用可以做一些提示，但绝不能代替学生的思维，把什么都包下来，否则就没办法训练学生了。教学最后要深化学生的认识，用学到的知识去解决问题，当然会遇到困难，不克服困难，认识就得不到深化。不要误认为把学生可能提出的问题都解答了的老师就是好老师，把什么问题都讲好，把所谓课堂效率高作为好老师的标准。笔者同意有人说过的："好的老师是热爱自己学生的老师。"首先，老师要千方百计把课讲好，让学生认识到"自己（学会自学后）就是最好的老师"；其次，要在做题目的过程中，让学生对所学知识融会贯通，并能应用到解决实际问题的过程中去。自然界有各式各样的现象都是化学现象，都可以用化学知识去解决，不要让学生以为只有课本上的东西、习题上的东西才是化学。一些有一定难度的比较好的题目，让学生去研究、去求解，让学生在解题当中碰到困难，碰到曲折，去思考"为什么做不出来""为什么做错""怎样解才正确"。这样才是好老师，如果老师都包办了，那怎能启发学生的思维、增加学生的智力呢？

## （二）关于教学评估

评估是一个重要的环节，然而怎样进行教学评估值得研究。如何对教师的教学进行评估，是个值得研究的问题。对于教师的水平和教学能力，虽然有时并没有办法量化，但是教师的教学成绩、学生和其他的老师的好评价也能够说明一定的问题。优秀教师讲的课，不见得堂堂出色，但他们上课时，必定会故意留下一些问题让学生思索。评估的主要环节应该看是不是提高了学生的素质。有经验的老师可能在细节上不很在意，但是在整体上把握得好。

关于课堂知识的讲解，笔者认为可以进行适当的拓展和延伸。对于一些开拓性的知识及需要学生牢牢掌握的问题，教师就要讲深讲透，不应该放松要求。当然有的内容是让学生开阔眼界的，让学生看到前面的一座高山，学生在现阶段是不能掌握的，高山是他将来才能登攀。教学检查应该检查学生对基本知识的掌握情况，但如何评价很难用计算机来区分。只有有经验、有水平的老师，才能判断哪些东西是应当要求的、要求到什么程度。尤其是在教学内容发展的情况下，这个标准掌握起来并不容易，教师必须加强学习和反思。、

# 第三节　化学教学应实施创新教育

## 一、什么是创新教育

所谓创新，就是从被抛弃、被忽略、被认为"不可能""不必要"的空白处"生出"来的，独辟蹊径，别开生面，化腐朽为神奇，超越已有的成果；不为权威的结论所束缚，不为流行的观点所湮没，不因眼前的苦难而退缩。简单地说，创新教育就是以培养学生的创新精神和创新能力为重点，以培养创新人才为价值取向的教育。创新教育是素质教育的重要组成部分，是素质教育的核心和灵魂，是素质教育的突破口，是素质教育的主旋律，是素质教育的深化和具体。

创新精神，主要包括三种精神：一是求异精神，即善于在无疑处生疑，在无路处走路。许多科学家的重大发明创造，都是通过这种精神破疑解难，走出困境，最后产生重大成果的。二是冒险精神，探索未知领域，充满艰难险阻，只有这种精神，才能维系其原创力。三是献身精神，即百折不挠，坚韧不拔，为创新敢于付出鲜血和生命。例如，诺贝尔就是冒着生命危险，研究炸药，尽管他弟弟因此而献身，但他仍然百折不挠，直至成功。

创新能力，主要包括三种：创新思维能力、创新想象能力、创新实践能力。具有创新精神和创新能力的人，叫作创新人才。创新人才具有的共同特点：思想活跃，思维敏捷；敢于假设，善于联想；百折不挠，坚韧不拔；知识广博，多才多艺。

## 二、中学化学创新教育的内容

中学是实施科学教育的奠基阶段，是培养学生创新精神和实践能力的重要时期。中学化学教育是中学科学教育不可或缺的重要组成部分，也是进行科学教育的核心内容之一，它对学生的创新意识、创新精神和创新能力的形成和发展起着重要作用。结合化学学科自身的特点具体来说，中学化学创新教育的内容如下。

### （一）激发学生的学习兴趣，培养学生的创新意识

创新意识是指创新的愿望和动机。要激发创新意识就必须培养学生的学习兴趣。在中学化学教学中，兴趣能够促进学生去思考、去探究、去创新，它是发展思维、激发学生主动学习的催化剂，是调动学生学习积极性、自觉性和创新性的一种内在动力。我们应该根据学生的特点和规律，激发学生的学习兴趣，这是中学化学教学中实施创新教育的基本条件。

### （二）发挥学生的主体作用，培养学生的创新精神

创新精神包括：创新的意识、热情、进取心、自信心和敢于质疑、坚韧不拔的毅力等。传统的课堂教学大都是"教师讲、学生听，教师写、学生记"的形式，课堂气氛沉闷，学生缺少主动权，更谈不上发展学生的创新思维了。所以教师要落实如何从"教"的角度去唤起学生"学"的兴趣，以学生活动为主线，充分体现学生的主体作用，让每位学生参与教学全过程，培养学生的创新精神。

### （三）创新能力的核心主要是创新思维能力的培养

有广博、扎实的科学知识，敏锐地发现和解决问题的能力，丰富的想象力，创新思维技能及创新实践等形成创新的能力。对每个正常人来说，创新能力只有大小之差，没有有无之别。中学化学课堂教学中重点是培养创新思维能力。创新思维是一种具有主动性、差异性、灵活性、独创性和灵感性的思维方式，它往往能突破习惯思维的束缚，在解决问题的过程中，其观点富有新的创意。

### （四）培养学生创新人格和协同合作的精神

健全的人格是个体顺利发展的内在因素，是个人创新能力得以发挥的支柱，主要包括爱国主义情感、献身科学的精神、勇于面对失败、具有百折不挠的意志、求实勤奋的治学态度和较强的自信心。重大的发明创造，需要众多人才共同去探索、开发、创造。因此，我们必须培养学生的协同合作精神，以满足未来的社会对人才的需求。

## 三、如何实施创新教育

### （一）确立以创新为核心的教育理念，全面推行创新教育

首先，要树立人本教育观念。教育的本质就是培养人，促进人的全面发展，而当今学校教育中的许多做法是把人当作知识的容器、考试的工具和分数的奴隶。要树立以学生为主体的教学观念。在教育教学活动中，应以学生为主体、教师为主导。教师应成为学生的高级伙伴。要树立培养创新人才的教育观念，其核心就是培养学生具有创新的意识，创新的观念，创新的思维，创新的能力、毅力和体力。其次，现代教育理论认为，学生是学习活动中的主体。因此，教师在教学过程中，要全方位地建构学生的主体地位，充分调动学生的学习积极性，让他们直接参与到教学活动中来。让学生主动学习是教学的重点。再次，现代教育更加注重学生个性的培养，强调因材施教，不主张使每位学生都做到全面发展，但是鼓励学生发扬和发现自己的长处。最后，新的教育观念更加强调教育的目标是提高学生的素质，培养学生的创新能力。因此，教师在传授知识和经验时，不应强调让学生死记硬背，要鼓励学生亲自进行探索和研究。总之，新的教育观念要求教师在教学的观念、内容和方法上都要进行改革、创新，以适应21世纪社会发展的需要。

### （二）更新教学目标，切实培养创新型人才

（1）开展设计制作活动，培养学生的创新能力和创新精神。创新能力是素质教育的核心。化学本身就是一门具有实践、创新特点的科学。化学教学除了向学生传授化学知识，培养学生的观察、实践、分析能力外，更应积极开发、培养学生的创

新思维和创造能力，而在实际制作过程中还会遇到许多实际困难，通过他们的讨论、思维、设计、动手等复杂环节才会达到目的和要求。本过程的目的就是开发学生的非智力因素，提高学生的综合能力，培养学生的创新意识。

（2）通过多样化的化学实验设计，培养学生的创造性思维能力。化学是一门以实验为基础的学科，这对于以德育为核心，重点培养创新精神和实践能力，全面推进素质教育有重要作用。化学实验可以激发学生学习化学的兴趣，帮助学生形成化学概念，获得化学知识和实验技能，培养观察能力、实验动手能力和创新精神，还有助于培养学生实事求是、严肃认真的科学态度和科学方法。传统化学实验教学必须改革，要引导学生进行多样化的化学实验设计或让学生参与实验设计，从而培养学生的思维能力和创新能力，如让学生利用现成的器材，要求学生采用不同的实验方法，设计不同的实验方案来达到同一实验目的。总之，教师在教学过程中，只有冲破旧的教育模式，确立以创新为核心的教育思想，大胆改革、探索、创新，才能起到培养学生"创新精神和实践能力"的作用。

（3）要尊重学生个性。我们的教学应围绕"保护天性，发扬个性，完美人生"这 12 个字来展开。目前，我国人才的基本素质概括为：一个灵魂，即"中华魂"；两种精神，即"人文精神和科学精神"；三种能力，即"学习能力、实践能力、创新能力"。

## （三）更新教学思路

创新不是凭空胡编乱造，而是通过对客观事物的观察、分析、总结，在客观事实的基础上得到新的结论，或者是利用前人正确结论得出新的结果。如果把创新等同于建造空中楼阁，那是对创新的误解。化学是以实验为基础的学科，即化学的定义、定理、规律、定律都建立在大量的实验和实践活动基础上，故实验也就不能仅局限于教科书中所安排的实验。实验教学可以在课堂上，也可以在课外；可以使用实验室的器材，也可以自备自制教具，甚至可以使用日常生活中的物品。例如，对铁丝在氧化反应中的燃烧实验，探究铁制品在什么条件下生锈，就可以利用生活当中的铁制品进行实验。再如，将两个洗净的鸡蛋壳研碎，分别放进两个杯中，加蒸馏水和稀盐酸，然后再对两个杯子套上气球，观察实验现象，进行鸡蛋壳成分和性质的探究，验证鸡蛋壳的主要成分。通过这些课本上没有出现的器材启发学生的创新能力，或者用类似的方法可以解决其他问题……从而激发学生的创新意识和创新激情。在实验过程中，不要为做实验而做实验，而是通过做实验来学习这种研究事物、研究问题的方法。

## （四）改革教学方法

### 1. 优化课堂教学过程，培养学生的独立思维能力

我们要积极优化课堂教学过程，引导学生学会学习，开展主动探索、总结、归纳、推理、提炼的活动，激发学生学习的积极性；在教学内容、方法和过程的设计上呈结构状，有效地教会学生学习，产生积极的整体效应。例如，在讲电化学时，不是老师直接交代什么是电化学，而是利用研究体验式创新教学法，让学生深刻领会和理解。在整个课堂教学中，学生成为主人，教师只是起到点拨、指导的作用。这样不仅提高了学生的知识迁移能力，而且使学生的独立思维能力和心理品质得到了相应的发展，从而为创造能力、创新能力的形成和发展提供了训练的机会，使学生的创新能力在解决问题的过程中得到了培养。

实施创新教育，必须优化教学过程，其基本教学模式，概括起来8个字，即"激趣、求异、探法、迁移"。激趣，就是激发学生的兴趣，使学生进入"状态"，思维处于活跃状态；求异，就是引导学生善于独立思考，善于从多角度、多层面、多渠道观察问题、思考问题；探法，就是使学生在教师的指导下，通过自己的探索实践，获得知识和能力，掌握学习方法，成为知识和真理的探求者和发现者；迁移，就是在教学观察中，帮助学生运用学过的知识、原理和方法，获得新知识，形成新能力。

化学教科书上，实验演示仪器可改进的有很多，如"吸热和散热"的演示仪器中，可把铜管中的乙醚改成碳酸氢铵。这样实验操作起来会方便得多，因为碳酸氢铵是一种化肥，易获得，而且做实验时不会像乙醚那样散发出一股臭气，污染空气。总之，在教学过程中，教师每当讲到一个化学问题时，不要马上做出解答和评估，要先让学生思考，鼓励他们发表各种见解。教师只做一些启发式的提示，最后进行归纳性讲解，这样有利于培养学生的创新思维和创新精神，也能优化教学过程。

## 2. 更新实验教学方法

（1）观察

观察是创新的前提，是实验的第一步。没有对客观事物的认识是谈不上创新的。我们在实验教学中首先应该让学生知道，所谓观察就是要有目的地辨明观察对象的主要特征，注意发现引起变化的条件和原因；其次，要使学生了解观察要经过一定的思维过程，要克服一定的困难，才能发现问题，才能得到对事物的正确认识和正确的结论。需要指出的是，在教学中应该让学生知道，观察事物是科学方法中提取大量事实的第一步，也是我们要进行任何创造和超越的第一步。我们所需要的不仅是大家观察到的结果，更重要的是观察活动的本身。观察在生活中无处不在。比如，观察水电解生成氢气和氧气的实验，要求学生注意观察在给水通电的过程中，能看到什么，在此基础上引导同学讨论观察的方法和应注意的问题。教师可以提示看到的不同的现象是由不同的原因引起的，但是具体是哪些原因，应该由学生通过多次的实验得出一定的结论，而不是老师在黑板上把各种条件罗列出，再提供给学生实验。那样做，实际限制了学生的思维，是不利于学生形成创新思维的。

（2）实验

在学习中，氢气和氧气都是我们日常生活中接触最多的，而在实验室如何制备，学生感到新奇。我们可以通过教学，师生共同讨论，达成共识，形成实验的概念。实验就是在人工控制条件下，使化学现象重复出现供人们观察的工作。通过实验，学生能够对化学事实获得具体的、明确的认识，有助于理解化学概念和规律。实验中要有实事求是的科学态度。教师应教育学生每做一个实验应该了解实验目的，正确使用仪器，做必要的记录，得出相应的结论，整理好实验器材；要根据实验观察到的现象和结果得出结论，做出正确的实验报告；向学生适当介绍一些化学家所做的化学实验的方法以及所取得的成绩，让学生在以后的学习中能够运用这些方法来探索知识。

（3）重视方法的总结，动手动脑

科学方法的提出需要这几个步骤：收集大量资料、证据，总结分析，得出结论，提出意见和建议。实验做完了，结果出来了，我们的实验是不是就结束了？没有。应用才是我们的最终目的，这也完全符合唯物主义方法论中关于从实践到理论再由理论到实践的辩证原则。当学生做了基本实验后，教师应当对学生实验提出较高层次的要求，做验证性的和设计性的实验。学生在实验中，也可以提出一些具体问题，自己设计实验方法进行实验，这不仅是对前面知识的应用，也是一种对化学方法的使用。运用现有的知识内容推论后面的学习内容，是一种化学研究的思路，更是学生应该掌握的化学方法之一。在这个研究的过程中，学生也更容易有新的突破。例如，在做固体融化的实验过程中（直接加热），开始的实验结论和课本上总是不一致，学生甚至产生推翻课本的大胆想法。在引导学生考虑热平衡的知识后，就有学生考虑是不是加热不均匀的问题。通过讨论，最终使用水浴的方法来解决问题，结论与课本基本一致。这就是运用旧知识来探讨新知识、新方法，在探讨中学生也品尝到了成功的喜悦。

### 3. 实验教学评价中的新意识

教师对教学目标的完成情况进行评估，为制订下一个目标做准备，这既是一个学科目标的结束，又是新的教学目标的开始。如果说学生已经掌握了知识的重点、难点，形成了相应的技能、技巧，那么教师应该对学生学习过程进行总结。学生学会了什么、提升了什么，谁做得最好，由教师和学生共同总结经验，形成再创新能力，这个环节是必不可少的。

### 4. 多媒体及网络教学

计算机辅助教学作为一种现代化的教学技术，越来越受到人们的重视。计算机辅助教学就是利用计算机作为主要的教学媒体来进行教学活动，即利用计算机来辅助教师执行教学。计算机不仅能呈现单纯的文字、数字等字符教学信息，而且能输出动画、视频、图像和声音，能非常容易做到教学信息的图、文、声并茂。这种多维立体的教育信息传播，增强了信息的真实感和表现力。另外，计算机作为教学媒体，学生可利用一定的输入、输出设备，通过人机"对话"的方式进行学习。这种人机交互作用是计算机媒体所特有的。这些是幻灯、电视等单向电教媒体无法比拟的，而且计算机辅助教育已发挥出越来越大的作用。

# 四、创新教育在高中化学教学中的重要性

## （一）在高中化学教学中实施创新教育的背景及意义

创新教育是在知识经济背景下提出的。知识经济的基本特征是知识不断创新，高新技术不断产业化。在知识经济时代，社会进步的决定性力量在于创新性劳动的水平、质量和效益。也就是说，人的创新能力开发到什么样的程度，社会就前进到什么程度。学校教育是知识创新、传播和应用的主要基地，是培养创新精神和创新人才的摇篮。创新关键在人才，人才的成长在教育。这就给当前的学校教育提出了新的要求，要对学生进行综合素质和能力的培养，使他们成为创新型人才。当前高中化学教育经过多年的改革，在重视基础教育的同时，创新教育也给予同等的重视，特别是进行新课程改革以后。

## （二）在高中化学教学中实施创新教育的理论依据

现代教育理论认为，学习的实质是学生自主构建与知识结构相对应的认识结构的过程；教学过程就是把知识结构转化为学生的认知结构；教师的教学就是创设宽松的环境，创设民主、和谐的学习气氛，使学生自主地学习，在传授知识的同时，激发学生创造性动机和成长意识，培养学生理解能力、自学能力，训练其创造性实践能力，尤其是培养学生的创造性思维能力。现代教育心理学研究表明，知识的学习是一个复杂的心理过程。知识的产生和发展是个体头脑中发生内化的结果，只有学生自己才能真正地占有自己的头脑。高中学生已有较强的观察能力，他们能根据学习目标有选择、有针对性地观察；他们也有很强的独立思维能力，他们喜欢自主讨论问题发生的原因，解释事物发展的因果关系等。这为高中化学教育实施"创新教育"的教学模式提供了可靠的理论依据。

化学是一门实用性很强、发展得非常完善的一门自然学科。化学知识在现代科学技术中应用最为广泛，与人类生活最为密切。化学也是一门知识创新快、技术应用广泛的自然学科，它有很强的应用性和创新性。高中化学教学内容蕴含着极其丰富的创新教育内容，为培养创新型学生提供极好的载体。因此，在中学化学教学中进行创新教育是可行的。只要内容选择得当，完全可以在化学教学中对学生实行创

新教育，特别是在培养学生自主学习的积极性和主动性，激发学生的积极思维、主动参与教学的积极性，把自己的素质创造性地表现出来等方面尤为可行。

根据认知迁移理论，学生的创新能力提高将会对学生的其他素质产生正迁移效应，从而达到以创新教育为突破口、全面提高学生整体素质的教学目标。

### （三）在高中化学教学中实施创新教育的指导思想

创新是人类社会发展与进步的永恒主题。创新能力是当代社会高级人才的重要素质之一。培养学生的创新精神和实践能力，是素质教育的首要任务。心理学的研究表明：创新能力的培养主要是在后天的教育中完成的。化学教育是基础教育的重要组成部分，理应承担起培养学生创新能力的重要职责，通过在教学过程中开展一系列的创新活动，增强学生的创新意识，培养学生掌握和运用科学的方法、创造性地探索知识和解决问题的能力，发展学生创新思维，使学生的智力系统呈开放的状态，使学生养成创新思维的习惯，把学生培养成有科学文化知识和创新能力、有志、有识、善于发现问题、喜欢寻根问底、标新立异的创造性人才。

### （四）在高中化学教学中实施创新教育的原则

在教学中，教师应以民主、平等的态度对待学生，营造一种轻松、愉快、和谐的课堂气氛，这样才能最大限度地调动学生学习的主动性和创造性，活跃学生的思维，确立学生的主体参与意识，使学生在教学活动中能大胆地质疑，增强探究的主动性，能独立思考，敢于发表自己的见解，敢于和老师、同学争辩，能够从与别人不同的角度去思考、发现问题，发表自己的看法和观点。

要坚持既面向全体学生，又重视个性发展。学生的素质各有差异，个性、爱好各有不同，因此，同一内容对不同层次的学生应采用不同的教学方法，对层次较高的学生，要求他们多参与，教师少点拨，重在培养其创新能力和思维发散能力；对层次较低的学生，培养其信心，进而培养良好的思维品质，发展学生的个人特长和独立意识，发展他们的创新潜能，尽可能地使更多的学生成长。爱因斯坦说过："提出一个问题往往比解决一个问题更重要。因为解决问题也许仅是一个科学上或实验上的技能而已，提出新的问题，却需要有创造性的想象力，而且标志着科学的真正进步。"不管是什么层次的学生提出什么样的问题，老师都要足够重视，耐心地解答：也许一个普通的问题里面蕴含着重大的创新。

要重视对学生学法指导。创新教育侧重的并不是学生"学会"了多少知识，而是学生是否学会了"会学"，因为良好的认知方法和学习方法会使人获得更多、更新的知识。知识时代的特点是信息量大，知识更新快。现在有多少知识并不重要，重要的是是否能够不断地获得新知识。因此，教学中应该渗透学法指导，强化知识形成过程的教学，使学生掌握更多、更科学的学习方法，这将使学生终身受益。

要改变传统的教学评价方法，采取灵活评价。实施创新教学必然导致学习结果的多样性、丰富性。统一的评价手段，即标准答案会扼杀学生的创新热情。在课堂教学中，教师总要对学生的学习状况做出价值判断，评价手段应允许怪异思想存在；要鼓励学生自由探讨，营造标新立异的氛围与环境，鼓励友好竞赛、公平竞赛；对学生在创新过程中发现的一些非常规的方法，更应给予鼓励。假如这些方法是正确的，应在全班推广，这样会在班级营造出更好的创新氛围。

要改进实验，开展全方位教学。化学是一门实验的学科，而重视实验教学是提高学生创新能力的可靠途径。但由于各方面的条件限制，很多传统的实验教学难以发挥学生的自主作用。因此，教师在进行化学实验教学时，应去掉条条框框，改进演示实验，把主动权交给学生，如让学生自行设计实验、自己完成实验、自拟实验报告和数据处理等，使学生既能学到知识，又能培养观察能力、动手能力，从而潜意识地培养学生的创新能力。在教学中，老师还应充分利用现代化的教学手段，使教学内容直观化、多样化；改变封闭的教学形式，通过多渠道、多层次构建一个校内外、课内外、学校、家庭多方位的教学空间，多开展课外实践活动，给学生提供更好的自我动手、动脑、自主学习的机会，充分开发学生潜在的创新素质，提高学生从现实的社会中获得知识的能力，使学生的创新能力进入更高的层次。在教学中实施创新教育，培养创新型人才，是知识经济时代的需要。教师要转变观念，排除干扰，在平时的教学实践中，敢于打破常规，努力探索，大胆创新，只有这样，才能把当前的教学改革不断向前推进。

# 第四节　化学科学方法

## 一、科学方法教育的意义

高中化学课程标准明确指出,高中化学教学应当以学生和社会发展需求为基础,突出自身学科优势,把科学探究作为课程改革的重心,将学生学习化学知识、掌握专业技能的过程,转变为理解化学、探究化学并形成科学价值观的过程。科学方法教育在高中化学教学中越来越成为一个重要的课题。无论是从提升民族的整体素质的角度,还是从新课程改革的实践来看,渗透科学方法教育,都具有重要的意义。

### (一)科学方法教育是高中化学的课程目标

《普通高中化学课程标准》把"学习科学探究方法,发展自主学习能力,养成良好的思维习惯,能运用化学知识和科学探究方法解决一些问题"确定为化学课程的总目标之一,要求学生"经历科学探究过程,认识科学探究的意义,尝试应用科学探究的方法,研究化学问题,验证化学规律",通过化学概念和规律的学习,了解化学的研究方法,认识化学实验、化学模型和数学工具在化学发展过程中的作用。

### (二)科学方法教育是提高学生科学素养和能力的重要途径

科学方法教育是科学素质教育的有机组成部分。科学素质教育是科学知识教育和科学方法教育的整合和提高。化学课程中的科学素养包括化学知识与技能、化学科学方法、化学能力、化学思想和化学科学品质。化学科学方法不仅是科学素养的要素之一,而且化学知识、技能和方法是培养化学能力、形成化学思想、提高化学科学品质的基础。所以,在高中化学教学中结合化学概念、规律的教学,对学生进行科学方法教育,可帮助学生逐步形成化学思想,形成科学态度和价值观,提高科学素养。能力的高低,一定意义上表现为掌握方法的多少和运用方法的灵活和熟练程度。可以认为,方法是能力的"内核",是对能力起决定作用的因素。所以,培养学生能力需要教给学生方法,而应用科学方法解决具体问题的过程就是培养能力的过程。

## （三）在高中化学教学中渗透科学方法教育由化学学科特点决定

一方面，化学学科是一门具有方法论性质的学科。化学在长期发展中所形成的科学方法，不仅对化学的进一步发展产生了巨大影响，同时也对其他学科的发展产生了积极的推动作用。另一方面，化学科学方法既是化学知识发展的手段，又是化学知识发展的产物。科学方法蕴含于化学知识中，而化学知识是化学科学方法的载体，它们密不可分，共同形成了化学学科完整的知识体系。所以，在高中化学教学中，必须渗透科学方法教育，这样，学生才能学到完整的化学知识。总之，在高中化学教学中，既要用化学知识武装学生，又要使他们在科学方法上受到熏陶，使他们在掌握化学知识的同时掌握取得知识的方法。

# 二、夯实基础，掌握化学基础知识

化学基础知识及基本实验技能，不仅是化学学科素养的基础，同时还是形成科学价值观的重要载体。因此，想要培养学生的化学学科素养，夯实基础知识和基本的实验技能是至关重要的一步。

首先，创设情境，激发学生学习兴趣。在化学课堂中，教师创设适当的教学情境，可以起到引人入胜、提高学生学习积极性的作用。学生在一定的情境中学习化学知识，印象会更深刻、理解会更深入。教学情境的素材，一般来源于化学实验，生活中与化学相关的问题、化学科学史、相关图片或视频等。许多生活中的素材都可以引入化学课堂，从而引发学生思考与讨论，并成为教学中的亮点。例如，在教学生石灰的性质时，教师可以把生活中很常见的"自热米饭"作为一个很好的例子。通常来说，人们把盒子里面的几个小包裹撕开、盖上盖子，不一会儿米饭就热了，这是由于"自热米饭"的包装下面有一块生石灰，当人们把水袋撕破后，生石灰遇水沸腾产生热量，米饭就热了。

其次，培养学生的科学探究能力。学生在学习化学知识时，不仅要知道结论，还要了解产生结论的实验过程，这才是高效的化学学习方法。因此，化学教师要重视引导学生进行探究式学习，这有助于培养学生的科学探究能力，提高学生的动手操作能力、思维能力及创造能力。在化学教学过程中，教师要根据化学课程内容设置不同形式的探究性问题，然后通过演示和讨论来促使学生进行探究，提高学生的自主探究能力，让学生亲身感受科学研究的乐趣。

## 三、注重方法，培养科学探究能力

（1）让学生在问题探究中学习。问题教学法是化学教学中常见的一种方法，它的步骤包括：提出问题、查阅资料、对资料进行分析和讨论、研究现象背后的原因、整理并得出结论。解决化学问题的一般方法在这个流程中有很好的体现。在这样循环往复的探究性学习中，学生的化学知识也就逐步巩固，并逐步形成科学探究能力。例如，在教学钠和水的反应时，教师可先为学生演示一遍实验，让学生观察实验现象，引发学生的思考，然后提出以下问题：钠为什么会浮在水面上？为什么钠会变成一个明亮的小球并在水面上游动？实验中的响声是从哪里来的？提出问题之后，教师让学生自行准备、查阅资料，然后在小组内讨论，最后在班级内展示讨论成果。

（2）让学生在讨论中提高解决问题的能力。讨论法也是化学教学中常见的方法。它的主要流程：根据问题提出假设，然后运用所学知识对假设进行验证，随后通过组内讨论达成一致意见，最后找到适合的解决方法。通过组内讨论，学生可以在相互交流中碰撞出思想的火花，加深对问题的理解，提高解决问题的能力。

（3）让学生加强习题练习，掌握科学方法。除了课堂上的讲解，课下的习题练习也可以很好地帮助学生拓宽知识面，促使学生更好地掌握基础知识、领悟更多的解题技巧，培养学生灵活应变、融会贯通的能力。比如在审题时，学生通过阅读文字、数字及图表，可以培养自身的阅读能力及问题分析能力，同时可以完善自身的知识体系，学会灵活运用所学知识解题。

（4）注重精神引导，培养学生良好的科学品质。良好的科学品质，是科学素养的重要组成部分。在化学实际教学中，有很多方法可以培养学生的科学品质。首先，教师要起到良好的模范带头作用。在实际教学中，化学教师应做到诚实坦荡，如果发现课件或者板书有知识性错误，要敢于及时纠正。在为学生演示实验时，教师要严格遵守实验规范、流程和动作要求，如实记录实验数据。教师若严格要求自己、以身作则，就能推动班级内形成良好的学习氛围。其次，注重联系化学科学史。除了基础知识和实验操作，教师还要结合教材搜集相关资料，让学生了解化学发展史。学生现在学习的化学知识，是前人一丝不苟、孜孜不倦地进行实验、分析、探究、总结出来的精华，所以教师要通过科学史的讲解，让学生感悟前人为追求真理而不畏险阻、乐于奉献、勇于探索的精神，并自觉传承。

## 四、化学教学中的科学方法

中学化学教学重视使学生了解、掌握一些自然科学研究方法，不仅对学生终身学习和创造性的工作有益，而且对学生学好中学知识也有好处。学生的学习方法实际上就是在教师指导下探索、研究客观事物的方法。方法对，就学得好而快；方法不对，就要走弯路。在中学化学教学中涉及的自然科学的一般研究方法，主要有观察法、实验法、控制变量法、抽象法、理想化法、比较法、类比法、假说法、模型法、等效替代法和目标教学法等。这里，笔者仅就几种常用的方法谈一下自己的体会。

### （一）观察法

"观察"通常是指人们观察处于自然状态下的事物，即在人们不对客观事物施加影响的情况下，对事物进行研究。在化学的发展中，观察方法是很重要的。在学习化学之前，学生在生活和学习中已经有了观察的经验和训练，而化学课应该使他们掌握得更好一些，应该重视培养学生观察化学现象的兴趣。很多学生是怀着深切的期望开始学化学的，他们从日常观察中积累了许多问题，期待在化学课中找到答案，若能及时给学生满意的解答，会有利于保持和发展学生的观察兴趣。要培养学生养成良好的观察素养，首先是要求观察的客观性，对于观察中感知的各种资料实事求是地对待。观察要抓住主要的东西，抓住跟观察目的有关的方面，要有步骤、有次序、尽可能细致。科学的观察都要有详细的记录。化学教学中作为作业布置给学生的观察，最好也要求记录，培养学生记录的习惯和能力。记录要求真实、简明、具体，字数不要多，几十个字、一百多字或者列个表格填上数据就够了。

"观察"有它的局限性：不能排除干扰因素；不能随意重复，而要等待现象的自然再现；不能人为控制现象发生的条件，而要深入研究往往需要做实验。"实验"则没有这些缺点。但是实验不能完全取代观察，而在观察中得到训练是做好实验不可缺少的。

## （二）实验法

"实验"是人们根据研究的目的，利用仪器、设备，人为地控制或模拟自然现象，排除干扰，突出主要因素，在有利的条件下研究自然规律。"实验"在化学的发展和化学教学中的基础作用，无须赘述。中学化学中的实验，根据不同的分类标准可分为演示实验和学生实验、定性实验和定量实验、探索性实验和验证性实验。目前，在我国中学化学教学中，数量最多的是由教师演示的探索性实验。从培养学生掌握实验方法的角度来看，教师的演示起着示范作用。时刻要意识到这一点，在安装、调整仪器设备，进行实验操作，观测、记录、处理数据，分析、概括得出结论，即在整个演示过程中的每一步，都严肃认真、一丝不苟，必然会产生深刻的教育作用。

## （三）抽象和理想化法

中学化学要学习化学知识的概念。一切科学概念都是抽象的成果。所以化学课有条件让学生在学习这些化学概念的过程中，领会什么叫抽象和怎样抽象，反过来，懂得了抽象是怎么回事，也有利于概念的形成。理想化的方法，是科学的抽象的一种形式。在中学化学中要使学生认识理想化，首先是把物体本身理想化或者把物体所处的条件理想化。其次是理想实验。这些理想化方法在化学教学中经常被用到，所以有必要使学生认识它们的本质、必要性和局限性。科学的理想化不同于无根据的幻想，有它的客观根据。客观存在的复杂事物具有多方面的特性，处于多种条件下。但是在一定的现象中并不是所有性质、所有条件都起同样重要的作用，而是只有一种或少数几种起主要作用，其余的或者不起作用，或者作用很小。理想化就是突出起主要作用的性质或条件，而完全忽略其他性质或条件。理想实验是人们在思想中塑造的理想过程，而实际上是做不到的。理想实验在化学学科的理论研究中有重要的作用。正如科学的理想化有它的客观根据，理想实验也有它的实践基础。理想实验是在真实的科学实验的基础上，抓住主要矛盾，忽略次要矛盾，根据逻辑法则，对过程做进一步的分析、推理。许多化学概念是利用这类理想实验建立的，所以应该让学生熟悉这种方法。

# 五、理想化学模型的类型

## （一）理想化学模型的种类

（1）模拟模型。化学概念和规律在形式上常常是抽象的，但在内容上是具体的，所以对于这样的研究对象，我们可以采用模拟形式来描述。这些实际不存在的模拟型模型并非凭空臆造，而是通过科学模型的建立，达到形象地用这些模拟的方式，使这些看不见、摸不着、难以理解的客观存在的物体、物质、规律具体化、形象化，使人们对研究对象的本质和规律得到形象化的理解和掌握，并借助这样的形象化方便地对其抽象的、内蕴的客观化学规律进行研究。

（2）实物模型，即对化学研究对象在一定的环境下将一些次要因素忽略不计而理想化的模型，如气体摩尔体积模型、原子核结构模型、分子结构模型、金刚石晶体结构模型、乙烯分子模型等。这些模型忽略了研究对象受到研究系统对其所施加的一些次要因素的影响作用，从而便于学生和研究者掌握研究对象的一些基本规律和性质。

（3）过程模型。这种模型一般用于分析化学事件发生的过程。在实际的化学过程中忽略某些对化学过程而言的次要因素时，往往可抽象为理想化的变化过程。例如，热学中气体的等温变化、气体的等容变化等都是化学过程和化学状态的理想化。这类模型忽略物体在运动过程中受到的一些次要因素的影响，可以突出物体运动过程中的主要方面和规律，从而使学生和研究者更容易掌握物体的主要运动规律。

（4）实验模型。在实验的基础上，抓住主要矛盾，忽略次要矛盾，根据逻辑推理法则，对过程做进一步分析、推理，找出其规律。

（5）数学模型。客观世界的一切规律原则上都可以在数学中找到它们的表现形式。在建造化学模型时，也在不断地建造表现化学状态和化学过程规律的数学模型。当然，由于理想化学模型是客观实体的一种，近似以理想化学模型为描述对象的数学模型，也只能是客观实体的近似的定量描述。

## （二）理想化学模型的作用

### 1. 培养学生正确的科学思维方法

中学化学教学中培养学生正确的思维方法是提高化学思维能力的基础。初学化学的学生往往只注意知识的学习，并不关心思维方法是否正确。在整个中学的化学学习过程中，不同阶段的化学学习思维方法有不同的要求和特点，而对此特点和规律的掌握将直接影响学生化学思维的发展和学习的效果，因此引导学生建立和运用正确的思维方法很重要。在化学教学过程中，对理想化学模型的建立和分析过程就是科学的思维方法培养和建立的过程，由此能使学生运用化学思维方式正确、透彻地理解化学概念、化学规律，以及掌握、理解化学运动的过程。

### 2. 理解化学教学中的难点

中学化学教材中有许多化学知识比较抽象难懂，使得学生不容易理解和掌握。理想化学模型就是科学抽象方法的一种形式，它是以客观实体为原型经过科学抽象的产物，是客体主要特性的反映。通过化学理想模型教学，突出问题的主要因素，简化次要因素，帮助学生建立起清晰的化学研究对象，达到疏通思维渠道，使化学问题化繁为简、化难为易，起到降低教学难度的作用，易于学生理解和掌握化学研究对象的本质特征及其规律，如电解质、离子反应、电化学、水溶液中的离子平衡、化合物等。学生在理解这些概念时，很难把握其实质，而建立概念模型则是一种有效的思维方式。

### 3. 形成科学的预见

理想模型的抽象过程中舍去了大量的次要因素，突出了事物的主要特性，这就便于发挥逻辑思维的能力，从而使研究结果能够超越现有条件，指导研究的方向，形成科学的预见，得到重要的化学规律。例如，离子反应六大条件，即离子之间相互结合生成难溶物质；离子之间相互结合生成气态物质；离子之间相互反应，生成弱电解质；离子之间彼此促进水解；离子之间相互发生氧化反应；离子之间能发生配合反应。如此就会使问题得到简化，从而寻找到其运动规律。

## （三）理想化学模型在教学中的意义

由于客观事物具有质的多样性，它们的化学性质和运动规律往往是非常复杂的，不可能一下子把它们的规律全面认识和掌握清楚，因而在中学化学教学中采用理想化学模型来代替实在的客体，可以使事物的性质和规律具有比较简单的形式，从而便于学生认识和掌握它们的概念、运动规律及其本质特征。建立理想化学模型也是一种科学的研究方法和思维方法，它的运用有助于学生思维品质的提高。建立和正确使用化学模型，可以提高学生理解和接受新知识的能力，同时也有助于学生掌握化学学科知识的学习方法，可使学生对化学本质的理解更加细致、深入，对化学问题的分析更加清晰明了。所以，化学模型在化学教学中有着重要的化学思维方法、化学研究方法等方面的价值意义。总之，理想化学模型在化学学科研究和教学中有着非常重要的作用，它是学生学习化学知识的基石。同时，理想化学模型也贯穿于整个中学化学教材的各部分内容中。学生对一些重要化学知识、规律的掌握、理解及其思维能力的培养，都建立在对理想化学模型的掌握和理解之上。所以，在中学化学教学过程的各个阶段都要特别注重培养和训练学生对理想模型的建立、理解和掌握。

# 六、化学教学中渗透科学方法教育的途径

## （一）在探究性实验中体验求实规范，训练学生科学方法

化学是实验科学。探究实验是训练科学方法教育的有效策略。一个完整的实验，包括提出问题、设计操作、数据分析和理论解释四个阶段。整个过程中蕴含着丰富的科学方法，如比较、分类、分析、综合、推理、归纳、演绎等。教材上的演示实验变为学生的探索实验，引导学生通过亲身实践去领会科学家们研究问题的科学方法，并转化为自己的思维和行为方式，培养他们用科学方法主动探求新知识、研究新问题的习惯和能力，使学生学习和掌握观察法、控制变量法、补偿法、放大法、模拟法等。科学教育是学生个体的科学再认识和再创造的过程，因此，就其认识过程而言，与科学家的科学研究在本质上是相似的，即遵循"问题—假设—验证—理论"的探究思路。这样的探究思路总体上符合科学的求实规范，也符合学生的认知特点。问题在于学生以怎样的方式经历这样的探究过程？在当前科学教育中似乎流行着一种以科学探究思路为线索的，被称为"顺杆爬"的科学教育模式，即教师根据学生

的知识基础和思维水平设计出最简捷、高效的探究路径，而后，学生在教师的启发、引导下以"听""看""思"为主要活动方式，跟随教学设计思路观察、理解、消化、获得结论。

## （二）在剖析化学史的案例中让学生体会科学方法

化学教学改革的目的之一，是把科研人员应具有的素质和能力早一些对学生进行培养和训练，使"教"和"学"的思路尽量接近科学家认识的思路。这就要求我们将化学教学和化学史结合，当然教学过程不同于科学研究过程，但在必要时，应结合重要的化学史料，用模拟科学认识过程的方法进行化学教学，这也是化学教学实质性改革的途径和方向，是实现上述教学目的、培养创造型人才的一个有效途径。模拟科学认识过程的方法，就是让学生遵循前人科学发现和发明的思路来学习，学会科学的研究方法。这就要求我们将化学史融入化学教学之中，将科学方法教育融入化学史的教学之中，具体地讲就是善于把学生推到若干年前，让他们从当时的科学背景出发，去重温科学家们在什么问题上、什么环节中、什么情况下、用什么方法和思路做出了科学发明和发现，从而把这些关键的步骤联系起来，进行实验得出结论并推广。这种研究自然规律的科学方法，就是"抽象思维，数学推导，科学实验"相结合的方法，对科学研究起到了重大的启蒙作用，极大地推动了化学科学的发展。

## （三）在概念和规律教学中渗透科学方法教育

科学方法寓于具体的科学知识的认识过程中。只有把认识过程充分而又合理地展现出来，学生才能领会到科学方法是如何提出的，从什么角度、用什么方法解决，从而学到科学方法。这就要求我们在化学概念与规律的教学中，认真挖掘教材中的科学方法，按照学生的认识过程合理设计教学方案，渗透科学方法教育。例如，在化合物概念教学中，提出什么是化合物，引导学生列举大量存在的事例，再逐个分析，使学生认识到"化合物都是两种或两种以上元素相互作用产生的，化合物不能由一种元素形成物质而独立存在"，最终通过归纳总结而抽象出化合物的概念。

## （四）在解题练习中强化科学方法

在习题训练教学中进行科学方法教育，主要是进行思维方法的训练，提高学生分析和解决问题的能力。教师要站在科学方法论的高度，认真研究题型，分析、归类、精选典型例题，对学生进行逻辑思维与非逻辑思维、集中思维与发散思维、正向思维与逆向思维、局部思维与整体思维、类比思维与联想思维等专项训练，使学生学习与掌握整体法、隔离法、类比法、近似估算法、守恒法等规律应用的方法。

## （五）在章末总结科学方法

复习课的目的是总结知识结构，使学生所学知识系统化。化学概念和规律的建立、发展和应用过程中以及各知识点相互联系的地方往往蕴含着丰富的科学方法。所以通过复习，一方面可以引导学生总结知识结构，另一方面可以系统地总结一个单元或一部分内容中所涉及的重要科学方法，并通过举例说明科学方法应用的条件、有效性和局限性，使学生进一步完善科学方法。总之，在化学教学中有意识地加强科学方法教育，是实现学生增长知识、发展能力、提高素质的一个有效途径。

# 第三章　高中化学教学理论

## 第一节　基于情景教学理论的化学教学研究

### 一、情境的教学意蕴

情境是构建主义课程理论的一个核心概念。构建主义也译作结构主义，是认知心理学派的一个分支，主要代表人物有瑞士著名心理学家皮亚杰及美国著名心理学家科恩伯格、斯滕伯格、卡茨和苏联著名心理学家维果斯基，其课程理论的核心内容是以学生为中心，强调学生对知识的主动探索、主动发现和对所学知识意义的主动建构。这与传统教学把知识从教师头脑中传送到学生的笔记本的做法相比，显然具有革命性的意义。

构建主义认为，学习总是与一定的社会文化背景，即"情境"相联系的，在实际情境下进行学习，可以使学生利用自己原有认知结构中的有关经验去同化和索引当前学习到的新知识，从而赋予新知识以某种意义；知识不是通过教师传授得到，而是学生在一定的情境即社会文化背景下，借助学生获取知识的过程或其他人（包括教师和学习伙伴）的帮助，利用必要的学习资料，通过意义建构的方式而获得。因此，理解了"情境"的概念就把握了构建主义课程理论的精髓。从根本上看，构建主义所说的"情境"，是学生意义自主建构的平台，是教学的"支架"，是"同化"与"顺应"的现实背景，是教师、学生与文本的对话空间。

### （一）情境是学生实现"意义建构"的平台

情境教学理论认为，学习是意义建构的过程，意义不是与情境脉络相分离的，而是在实践与情境脉络的协商中完成的。学生是认知主体和意义的主动建构者。学生对知识的意义建构是学习的最终目的。基于此,教学设计不应从分析教学目标开始,而应从创设有利于学生意义建构的情境开始,整个教学过程设计紧紧围绕"意义建构"这个中心而展开。不论学生的独立探索、协作学习还是教师辅导,学习过程中的一切活动都要从属于这一中心,都要有利于完成和深化学生对所学知识的意义建构。每位教师和学生都被看成一个与心理环境发生交互作用的有辨别力的人,教师的主要职责是促进学生积极、健康的知觉的发展,使之形成更优秀、更和谐的个性,而学生则通过对自身和周围环境的辨别、归纳和重组而学习,以获得新的或改变了的知觉、理解和意义,进而改变动机、团体归属、时间直觉和思想意识。

## (二)情境是教学的"支架"

这里所说的"支架"原本指建筑行业中使用的脚手架,但在构建主义那里则被用来形象地描述一种教学方式:儿童被看作一座建筑,儿童的"学"是不断地、积极地建构自身的过程;而教师提供的教学情境则是一个必要的脚手架,支持着儿童不断地建构自己,生成新的能力。构建主义认为,教学应当为学生建构对知识的理解提供一种概念框架,而这种框架中的概念是为发展学生对问题的进一步理解所需要的。学生是主动建构自我和环境的主体。社会环境应当为学生提供必要的支持和框架以加快学生的发展,帮助他们获得更多的新能力。这种形式的交互作用能够不断地促进学生的认知发展,有助于他们完成多种任务。创设情境的根本目的就是要为学生的"知识建构"提供"支架",为学生解决问题、建构意义起到支撑作用,从而使学生从现有的实际水平发展到未来的潜在水平。搭建"支架"的一种主要形式就是让学生参与到有意义的问题解决活动中来,而这种活动是现实的、有趣的,并且是需要与他人合作才能完成的。通过创建共同的交流平台,促成成员间的相互影响。教学设计和课程实施的主要目的和任务,是为学生进行"知识建构"创造一种具有"情境性"和"协作性"的互动环境,推动学生在"知识建构"的过程中获得发展。知识不是简单地通过传授获得的,而是学生借助已有的经验和信念,以自己特有的方式,在与作为认知客体的知识的互动中以主动、积极的方式建构。

### （三）学生在情境中完成"同化"与"顺应"

情境教学理论把学习环境看成学生可以进行自由探索和自主学习的场所。在此环境中，学生可以利用各种工具和信息资源来完成自己的学习目标。在这一过程中，学生不仅能得到教师的帮助和支持，而且可以得到同学之间的相互协作和支持。换言之，学习应当被促进和支持，而不应受到严格的控制和支配；学习环境是一个支持和促进学习的场所。从这个角度来说，教学意味着更多的控制和支配，而学习则意味着更多的主动和自由。基于这一认识，有学者认为，儿童与环境的相互作用涉及两个基本过程，即"同化"与"顺应"。同化是指个体把外界刺激所提供的信息整合到自己原有认知结构内的过程；顺应则是指个体的认知结构因外部刺激的影响而发生改变的过程。同化是认知结构数量的扩充，而顺应则是认知结构性质的改变。认知个体通过同化和顺应这两种形式来达到与周围环境的平衡：当儿童能用现有图式去同化新信息时，他处于一种平衡的认知状态；当现有图式不能同化新信息时，平衡即被破坏，而修改或创造新图式的过程就是寻找新的平衡的过程。儿童的认知结构就是通过同化与顺应而逐步建构起来的，并在"平衡—不平衡—新的平衡"的循环中得到不断地丰富、提高和发展。个体不仅将他的生活和学习空间区分为新的区域，与此同时，还对生活空间加以重新组织，根据自身与他人的关系改变或调整自身的认知结构。

### （四）情境为教师、学生与文本的对话创造空间

情境教学理论把人们开发出的在特定情境脉络中对类型和特性做出回应的共享方式称为"对话"。情境教学理论认为，课程不是预先设定的内容，而是师生之间的对话。它强调课程要通过参与者的行为和相互作用完成，允许学生与教师在教学中"互动""对话"。学习是一种有意义的社会协商。学习环境由情境、协作、对话和意义建构四个要素构成。情境是意义建构的基本条件；师生、生生之间的协作和对话是意义建构的核心环境；意义建构则是学习的目的。因此，情境中的对话要求把协作贯穿于整个学习活动过程之中。这是由于在以情境为核心的教学中，学生知识的建构和意义的获得都依赖人与情境中各种因素的互动。教师与学生之间、学生与学生之间的

互动和协作，对于学习资料的收集和分析、假设的提出和验证学习进程的自我反馈、学习结果的评价及意义的最终建构都具有十分重要的作用。协作在一定的意义上是指协商。协商主要包括自我协商和相互协商两种形式。教师要成为学生建构意义的帮助者，就要对协作学习过程进行引导，使之朝着有利于意义建构的方向发展。事实上，协作学习的过程就是交流的过程。在这个过程中，每位学生的想法都为整个学习群体所共享。通过探索、解释和协商，多种观点得到考察，学生的理解也得以深化。因此，来自教师、书本或同班同学的不同观点可以加以协调，组成一个知识库，而学生可以从中对不同来源的意义进行评价和协商。交流对推进每位学生的学习进程来说是至关重要的。在教师的组织下，由于情境的作用，团队成员之间必定会形成积极的相互促进的关系，以一种既有利于自己成功，又有利于同伴成功的方式进行。

## 二、化学教学情境的功能

教学情境能对教学过程起到引导、定向、调节和控制的作用。研究和探索情境教学法不仅可以丰富和发展教学理论，而且有益于提高教学质量和效率。化学教学情境是指在化学教学中，通过建立师生间良好的情感氛围，创设适宜学生充分发展的认知客体与认知主体间的情境，使化学教学在积极的情感和美好的情境中展开，使学生的情感活动积极参与认知活动，以期激活学生的化学情境思维，从而使其在活跃的化学情境思维中获得知识、培养能力、发展智力。化学学习情境中的"情"是情感体验，是对意志、态度、价值观以及学习动机方面的培养；"境"是学习环境、知识、文化氛围、社会应用背景和各种类型的学习活动。确切地说，化学学习情境中既蕴含着具体的知识内容、问题解决和学习任务，同时又渗透着学生的情感体验。由于化学教学过程中会受到各种各样情感因素的影响，教师应充分利用这些情感因素来优化教学过程，提高教学效果。对教师而言，情感因素包含教师的民主作风、教师的人格特征、教师对学生的态度、教师在教学中的感情投入，等等；对学生而言，情感因素分为态度、兴趣、意志、创新这四个方面，具体表现为对化学知识的兴趣、对化学发展的关心、对实验的科学态度，以及敢于创新、勇于探索的科学精神，等等。化学学科中的"境"则体现在化学知识的广泛应用上。在我们的生活中，无处不存在化学的影子，从身边的日常现象到伟大的科技新发明，这些都为化学课堂教学提供了丰富的学习资源，为化学学习无形中创设了有形的"境"。教师不仅要用"情"创"境"，更重要的是能够以"境"激"情"。从促进学生学习与发展的角度分析，教学情境主要有以下几方面的教学功能：

第一，有利于激发学生的学习兴趣。教学情境是情感环境、认知环境和行为环境等因素的综合体。好的教学情境总是有着丰富和生动的内容。适宜的情境不但可以激发学习的兴趣和愿望，促进学生情感的发展，而且可以激发学生多方面的好奇心与求知欲，调动学生参与学习的积极性和主动性。

第二，有利于学生理解与应用知识。教学情境中蕴含着知识存在的背景，有利于增强学生对新知识的迁移、应用，也有利于在真实的情境中培养学生解决实际问题的能力。

第三，有利于学生探究能力的发展。在许多情况下，情境学习与探究活动是融为一体的。探究活动的开展需要一定的情境为之提供素材与支持。学生借助情境教学中提供的素材发现问题和提出问题，然后通过探究活动解决问题，获得新的知识。

第四，使学生有足够多的机会学会合作和交流。情境教学的一个重要特点就是需要个体之间的协作，在协作中完成意义的构建，每一个人都能获得自己独特的见解。这就给学生提供了非常多的合作和交流的机会，从而提高学习质量。

## 三、化学新课程情境创设的原则和策略

情境创设通过各种生动、具体，或感性，或理性的学习环境的创设，拉近学生所要学习的知识与现实生活的距离，使"抽象"的理论变成"鲜活"的生活，为学生的主动参与、主动发展开辟了现实的途径。

### （一）化学教学情境创设应把握的原则

根据以上对"情境"意蕴和作用的理解，化学教学情境的创设应把握以下几个原则：

**1.需求性原则**

一是教学内容的需求性，二是学生主体的需求性。

首先，在教学中创设教学情境不是每节课都需要的，应从实际出发，有用则用，而不应过于夸大其作用，更不能把它变得形式化。其次，采取何种情境模式引入新课，必须从教学内容的实际需求出发，紧扣教学内容，为教学目标的达成服务，千万不能舍本逐末，单纯为了情境而情境，这样就违背了情境创设的本意。

学生是学习的主体，学生的发展是教育的最终目标。所以，除了考虑教学内容的需求性以外，更应该考虑学生本身的需求。超越学生的知识、能力水平，远离学生的实际生活经验等，忽视学生实际需求的情境引入，不仅达不到情境引入的目的，而且很难获得学生知识的迁移和情感的共鸣。

### 2. 真实性原则

一是指"情"的真实性，二是指"境"的真实性。

构建主义学习理论强调创设真实情境，把创设情境看作"意义建构"的必要前提。学习情境越真实，学习主体建构的知识就越可靠，越容易在真实的情境中运用，从而达到教学的预期目的。即使是虚拟情境，情境中的背景信息也应符合现实生活场景和事物运动的客观规律，符合起码的生活逻辑，应该是实际生活和社会生活中真实发生和可能发生的，而不是教师为情境而情境，人为编造的与现实情境相悖的情境。忽视情境的真实性，会使学生脱离知识生成的经脉，使获得的知识不具备实践指导和应用作用。此谓"境"的真实性。

有了真实的"境"，还需要真实的"情"。首先，要求教师要有情感地投入，创设和谐的教学氛围，在此基础上，才能更好地促进学生积极的情感体验。这样不仅有助于学生形成科学的思维与方法，提高学习的有效性，而且有助于促进学生科学精神和人文素养的提升，使学生达到知识与技能、过程与方法、情感态度与价值观的和谐发展。此谓"情"的真实性。因此，完美的情境不仅要求真实，还要达到理智和情感和谐统一、相得益彰的境界。

### 3. 全程性原则

作为知识载体的情境，不能仅限于课始，而应该具有全程性和发展性。首先，教学需要为学生创设"意义学习"的情境，但在课堂有限的时间内，创设太多琐碎而又关联性不强的情境，就无法形成明确的教学主线，从而造成学生理解上的困难。所以，作为课始情境的引入应该对整节课的教学内容具有统领作用，以便形成明确的教学主线，从而有利于学生抓住探究的主线，形成清晰的知识体系。其次，课始导入的情境，不能只发生在讲授新课之前，而应该在整个学习过程中都起着激发、推动、维持、强化、调整、发展学生的认知活动、情感活动和实践活动的作用，在"教"与"学"的全程中发挥积极作用。

## （二）化学教学情境创设的策略

根据上述原则，化学教学情境的创设，通常可以从以下几个主要方面入手：

### 1. 从生活中寻找需求点

化学与生活联系紧密，生活中处处涉及化学，因此从化学在实际生活中的应用入手来创设情境，既可以让学生体会到学习化学的重要性，又有助于学生利用所学的化学知识解决实际问题。由于情境的背景材料来源于生活，来源于社会实际，学生感到既熟悉又奥妙无穷，感到化学就在身边。学生学习的欲望高涨，学习的需要不断内化，学习的动力就会源源不断地产生。这就要求化学教师要经常关注和反思社会生活，从学生的思维角度来思考身边的事物，并有意识地将生活事件和教学内容联系起来，建立知识与情境的联系，促进学生对知识、生活的理解。

"现代化工业生产与技术""化学与新材料""化学与新能源""化学与生活""化学与生命科学""化学与环境"等学科知识都可成为设计教学情境的丰富素材。紧密联系生活、生产和当前科学技术发展中的实际问题（如能源问题、环境问题等），创设问题情境，是一种常用的方法。

### 2. 从化学史中寻觅结合点

化学家在科学发现的过程中所运用的研究方法及遇到的系列问题，对学生的学习有着巨大的激励作用和潜移默化的影响，为教学提供了生动的素材，是创设情境的一种有效途径。从化学史中寻觅结合点，通过化学史实创设情境，要求教师不仅要了解科学家做研究的真实过程，而且要了解科学家本人的人生经历和当时的时代和社会背景，采取灵活的手段，生动再现历史。

### 3. 从认知冲突中寻求突破点

"认知冲突"是指人的原有认知图式与新感受到的事件或客体之间的对立性矛盾。一旦引发这种认知冲突，就会引起学生认知心理的不平衡，就能激起学生的求知欲和好奇心，使学生产生解决这种认知冲突、获得心理平衡的动机。从"认知冲突"中寻求突破点，不仅能使学生避免进入思维误区，认清问题的本质，更能完善学生的认知结构，培养学生科学的探索和创新能力。化学实验及科学探究活动中的"新""奇""特""异"现象是产生"认知冲突"的重要源泉。此外，化学与其他学科的联系、多媒体辅助教学手段等，都是化学教学情境创设的有效方法。

# 第二节　实施化学新课程的过程中学生多元智能的开发

## 一、基于多元智能理论的教育理念和教学原则

### （一）基于多元智能理论的教育理念

在智能多元的基本假设基础之上，多元智能理论建构了全新的教学理念：发掘并引导学生智能的发展是教学最根本的目的；教学内容侧重于某种形式的"核心知识"及学生解决问题的能力与创新能力；教师的任务是全面了解学生智能特点，促进、完善、发掘学生智能潜力；学生则应充分利用优势智能进行学习，完善自身智能结构；应创设尊重学生个别差异、鼓励学生多元表现的教学环境；教学评价应侧重多元途径的评价方式，特别是真实评价和情境评价。

### （二）基于多元智能理论的教学原则

根据多元智能理论的教学理念，基于多元智能理论的教学应遵循以下原则：

第一，强调教学的个别化。多元智能观的核心在于认真对待个别差异。多元智能理论承认学生的智能存在差异，每个人都具有其独特的智能组合，由此形成了不同的学习风格和学习倾向。教学要适应学生的智能差异，有利于发挥每位学生的智能强项。这一观点为以学生为中心的个别化教学设计提供了智能及操作的理论依据。教师要创建以学生为中心的教学环境，配合学生的不同需要而使用各种不同的方法来进行教学，从而使每位学生的智能强项都得以充分发挥。

第二，强调教学途径的多样化。多元智能理论认为，智能作为一种获取知识的方法，每一种智能都可以用来学习某一领域的知识，如使用身体动作来学习英文词汇、使用音乐来教导数学的概念等，这是"用多元智能来教"。这要求教学应考虑调动各种智能在学习中发挥各自的作用，除了采用"教师讲，学生听"的教学方式，应根据不同的智能特点、学习内容创设多种多样适宜的教学手段与方法，以促进学生学习。

第三，强调强、弱势智能的连接。多元智能强调学习应从学生的应用入手，但多元智能教学的目的并不是片面地发展强势智能，而是要通过强势智能的发展带动弱势智能，从而达到智能的均衡发展。多元智能的教学设计应创设通过多种智能维度解决问题与创设有用产品的真实学习环境，使不同的智能的运用能够相互联系，从而使学生能够在不同的智能运用之间转换，真正学会学习。

第四，强调学习与评价情境的真实性。多元智能理论认为，智能不是不可捉摸的东西，而是实实在在地解决实际问题的能力和生产出特定文化或社会所珍视的产品的能力。只有在真实的学习环境下，才有可能产生真实的学习。真实而有意义的学习情境，使学生能够运用不同的智能进行多方探索，有机会练习各种解决问题的方法，培养多元的能力。加德纳同样重视评价的真实性和情境化。他认为传统的以纸、笔为主的标准化测验方式只反映了多元智能当中的两项智能：逻辑数学智能与语言智能。只有在真实的问题解决的情境中，才能显示出各种智能的长处，从而提出情境中的评价。

第五，强调教学与评价的一体化。多元智能理论认为，教学旨在帮助学生有效学习，并开发其智能潜力，而评价则旨在了解学生的学习情况与教学的优缺点。评价被作为学习过程的一部分，参照评价结果来改进教学，以教学来补救评价所呈现的问题。真实而有意义的学习情境也使教学与评价很难分阶段完成，而是一个没有明显区分的整体。

## 二、在实施化学新课程中开发学生的多元智能

从多元智能理论出发，在实施化学新课程教学活动中，除了以往比较重视对学生语言智能和数理逻辑智能的培养，还可以开发学生的其他几种智能。

## （一）视觉空间智能

高中化学教学中有利于发展学生视觉空间智能的内容有许多：一是化学课本里有大量的图表、图解，多幅色彩缤纷的插图材料，而这些都能极大地激发学生的学习兴趣和求知欲望；二是化学教学中有许多内容，如原子结构、分子结构、晶体结构、有机分子结构等化学物质结构内容。教师可为学生展示一些化学结构模型，或者播放一些实验操作和化工生产工艺流程的录像等，给学生以直观的画面和丰富的情景，也可利用软件制作动画模拟物质的空间构型。例如，在"极性分子与非极性分子"的教学中，在条件不足的地方，教师还可采用橡皮泥、火柴棍等物品，指导学生捏出一些典型分子的立体结构，如甲烷、氢气、氯化氢、二氧化碳、水、氨气等，并在轻松愉快的氛围中掌握极性与非极性分子的特点。此外，化学实验中仪器的组装、混合物的分离、物质的鉴别等都可以开发学生的视觉空间智能。

## （二）身体运动智能和自我内省智能

在化学学科中，身体运动智能主要体现为实验操作能力，同时化学实验又是很好的锻炼自我内省智能的场所。因为实验课都是分组或者个别进行的，所以通过参与化学实验、化学活动课，学生学会与人合作，有利于身心健康和身体运动智能的发展。如动手设计一些探究性实验，制作或改进一些化学仪器设备，参观化工厂或化学化工研究基地，采集周围生活环境的样品进行化学分析等，这些活动均有利于培养学生积极地动手、动脑，协调身体各部分参与操作，同时也可训练学生及时发现实验中即将发生或已经出现的问题，进行反思，找出问题症结，最终得出正确结论，进而对自己的学习动机、学习策略和学习结果进行调控。

## （三）自然观察智能

在现实的教学过程中，许多学生都对实验很好奇、很感兴趣，但在观察实验时不够仔细和深入，有的局限于看热闹的低级阶段，这时候就需要教师适时引导、激励设疑、引发想象。例如，在学完"硫的氧化物"后，学生知道二氧化硫是一种非常有害的空气污染物，通过查阅资料，了解现在酸雨、温室效应和臭氧层破坏是大气环境污染的三大重要问题，而二氧化硫的排放是形成酸雨的主要原因，由此启发学生树立保护环境的意识，懂得保护地球的重要性。

### （四）人际关系智能

现代教学论指出，教学过程是师生交往、积极互动、共同发展的过程。人际交往智能的核心在于与他人之间的"理解与交往"。创设积极的人际交往环境，最好的方法是开展课堂内外的小组合作学习。教学过程中，可以就化学基本概念、原理理解、实验方案的设计和实验现象、结果等进行交流探讨。教师在讨论中的角色表现出多元化的特点：或是组织者，或是参与者时而是评判者，时而是引导者。

### （五）音乐节奏智能

化学学科中音乐节奏智能的核心是对声音、节奏的敏感度。实验中反应发生时的"嗞嗞"声、爆鸣声，有时伴随的起火燃烧现象等，都会给参与者留下深刻的印象。化学教学中体现节奏的例证有很多，如元素在周期表中排列的周期性，原子核外电子排布的规律，高聚物中结构单元重复出现的现象，晶体结构中最小结构单元（晶胞）的重现，化学实验中的声、光、电现象等，还可以表现为将化学知识或者学习化学知识的感受以音乐、谜语、歇后语、顺口溜、游戏等方式表达出来。

以上分析了传统教学考试中不容易涉及的智能在化学学科中的具体应用，至于其他两种多元智能理论中包含的智能，即语言智能和数理逻辑智能，这里就不再赘述。以多元智能理论为指导的化学新课程教学，有利于创设适合学生发展的多元环境，使学生的个性和潜能得以充分发展，学习能力、创新意识、创新能力和科学素养明显提高。这样一种全新的个性化的教学理念为新课程背景下的化学教学指明了方向，当然也为我国素质教育的有效实施提供了良好的思路。作为教育工作者，要领悟多元智能理论的精髓，让我们的教育实践开出"快乐、智慧的花朵"。

# 第三节　基于学习迁移理论的高中化学教学实践

高中生不应习惯全盘接受教师所传授的所有知识，应主动思考各个化学知识点的内在联系，如果长期被动学习将导致所建立的认知结构过于零散、碎片化，从而影响了灵活迁移与应用知识的能力。具体到学习表现中，便出现了这样一个问题：

高中生需要展开大量的、单一的，甚至是重复的知识记忆活动，且无法根据题目要求灵活调动自己的知识结构。学习迁移理论正是为了让高中生建立整体性的、宏观性的、灵活性的化学认知，促使学生在迁移能力的推动下形成举一反三、学以致用的学习能力。为此，教师便需要根据高中生的学习特点与学习经验来组织迁移教学。

## 一、利用旧知迁移

旧知迁移是最常见的一种知识迁移方式，是指在新旧知识之间建立一个联系点，利用高中生已经习得的化学知识与新知之间的认知冲突来激发其求知欲，使其利用旧知来展开深层探究，在探究中逐步引出与习得新知的学习过程。实际上，绝大多数化学知识之间的联系十分紧密，而这个学科结构特征也就为利用旧知迁移提供了可能。

如"化学反应中的能量"一课的知识便与高中生已经习得的化学知识紧密相关。高中生在初中教育阶段便了解了化学反应中的吸热与放热现象，并在高中阶段学习了化学反应物的总能量与生成物的总能量之间存在一定的化学关系。这部分已有知识便为本课学习打好了基础，因为本课新知便是利用化学物的反应热、焓变关系来总结化学反应中的能量变化规律的。因此，在本课教学中，教师应结合高中生的已有知识与经验引入新课，利用学生对放热、吸热的化学反应来促进他们思考化学反应的能量变化问题。因为高中生已经了解了吸热、放热现象，所以以此作为问题情境，可顺利引导高中生在化学实验中预估与推测促使化学反应物产生能量变化的本质原因，进而提高他们利用旧知探究新知的迁移能力。

## 二、利用生活迁移

"生活即教育"，化学是从生活中发生，又应用于生活的自然科学之一。从现实生活中引出化学知识，以生活现象来做好知识迁移，不仅是教学的基本要求，还是让高中生形成化学应用能力的必要途径，更是激发高中生学习兴趣、使其对化学课堂抱有期待与求知欲望的重要途径。可以说，利用生活资源来进行迁移教学，更利于迁移教学的具体落实。

例如，在"太阳能、生物质能和氢能的利用"一课中，笔者便鼓励学生在预习活动中收集我国目前对太阳能、生物质能、氢能的利用情况，了解这些新型能源的未来发展前景以及现在尚待攻克的技术问题。在这三类清洁能源中，学生对太阳能的了解程度较深，所以笔者便以此作为新知探究依据，让学生讲述日常生活中对太阳能的利用情况，比如太阳能热水器、太阳能充电、太阳能发电等。之后，笔者便鼓励学生从化学角度分析太阳能的工作原理，并利用自己的生活经验来分析与总结应用太阳能的实际意义。待学生可利用化学知识来分析与介绍太阳能之后，笔者便鼓励他们利用太阳能的分析方法来分析生物质能、氢能的工作原理与实际意义，从而提高学生的知识迁移能力。

## 三、利用练习迁移

练习是学科学习活动中的基本环节，也是巩固高中生学习能力与化学知识结构的基本活动。在高中化学教学中，教师还应通过练习展开迁移教学，引导高中生从大量的化学练习中总结出每个题目的解题步骤与解题原理，进而落实迁移教学所追求的"授人以鱼，不如授之以渔"的教学目的。

在化学学科中，高中生使用的化学解题方法一般包括分解、类比、模型、逆推等多种策略，而其中最为常见的便是能量守恒定律的应用。在练习教学中，笔者会以"解题思路"展开练习指导，引导高中生展示自己的解题思路，鼓励他们说出自己所应用的解题办法。比如，"能量守恒"类题目中便包括化学变化与电能、化学变化与热能这两大类题目，而这两类题目信息一般会包含一定的化学反应变化过程。高中生可在保证整个化学反应的能量总量保持不变的前提下来分析反应物与生成物之间的能量转移情况，进而保证解题的准确性。在思路阐述中，部分反应较快、学习能力较好的学生便可意识到自己出错的原因，而笔者也可以根据学生的解题思路来进行纠错指导。

# 第四节　基于认知负荷理论的高中化学有效教学的实践与尝试

　　20 世纪 80 年代末 90 年代初，澳大利亚心理学家在图式理论的基础上提出了认知负荷理论，为有效教学的全面开展提供了一种新的研究视角。具体到高中化学的教学实践中，教师应从教学预设、课堂结构、学习动机、学习方式等方面，有效调控学生学习中的认知负荷，关注因经验不同带来的认知负荷的相对性，以促进高效课堂的构建。

## 一、整合教学资源，降低认知负荷

　　认知负荷理论认为，人的学习效能与认知负荷存在着相关性，任何形式的学习都要消耗固有的记忆容量，形成认知负荷。对高中生而言，其认知水平是恒定的，如果学习材料过于复杂、无序，就容易超出学生自身的认知负荷，不利于有效教学的开展。在高中化学教学中，教师如果能够从学生角度出发，积极整合学科内的教学资源，贯穿教材与考试、学生体验与课堂对话之间的内在联系，就会降低个体的认知负荷，提高课堂学习效率。

## 二、提高教学设计水平，重视认知加工

　　学习材料的组织和呈现方式、学习材料的复杂性和个体的知识水平，是影响认知负荷的基本因素。在高中化学有效教学实践中，教师提高教学设计水平，来启发学生对知识点、解题方法、规律运用等的深度思考，使其获得对所学内容的认知加工能力，有利于学生加深对化学知识的理解与把握。教学实践证明，在合适的知识难度范围内，知识在课堂上的呈现形式变化越多，学生的主动学习意识越强，而对知识的认知加工也就越积极。这就要求教师要重视教学设计，以生活化、问题化、情境化的形式再现知识，促进学生的认知加工，进而推动有效教学的开展。

### 三、激发学习动机，促进认知努力

认知负荷理论认为，个体的学习动机往往影响到认知努力，而来源于个体主观心理的认知努力则是构成有效学习的关键因素。因此，在高中化学教学中，教师通过情境创设、演示实验、趣味游戏等方式来激发学生的学习动机，提高学生在化学课堂中的认知能力，有助于学生进行快速而持续的课堂理解。

### 四、强化合作探究，优化认知结构

在教学中，教师强化小组间的合作探究，在尊重个体差异的基础上优化学习主体的认知结构，提高学生自身的内在认知负荷水平。比如，在学习了离子反应的方程式之后，教师可引导学生探讨，判断离子方程式的正误应注意哪些方面？通过合作探究，学生掌握了反应是否符合客观事实或化学规律；反应物和生成物是否有该拆的没拆、不该拆的随意拆；检查条件符号是否标好，等号两边是否遵守质量守恒和电荷守恒，顺势思考并比较电离方程式与离子方程式有何区别？学生在不断地探讨交流中，优化自身的认知结构，从而明确电离方程式的左边只是化学式，右边只有离子符号，而离子方程式的左右两边都有可能有离子符号和化学式。

## 第五节　基于构建主义理论的高中化学教学方法探究

构建主义学习理论强调学生在学习中的主动性和主体性，它主张学生在学习中要主动对所学知识构建起自己所理解的知识框架，旨在培养学生自主分析问题、解决问题的能力，有利于提高学生的综合素质。构建主义应用在高中化学教学中，也对学生提出两点基本要求：第一，学生应当主动积极学习知识；第二，学生应当对知识有自己的理解。

# 一、基于构建主义理论完善高中化学教学方法的意义

## （一）契合新课程改革对高中化学教学的要求

新课程改革要求高中化学教学要以学生为主，强调要通过实践与理论学习相结合的方式，培养学生动手实践能力。因此，教师要做好引导工作，培养学生自我学习的能力。构建主义不仅主张在教学中学生要积极主动学习，还对高中教学提出了更高的要求，即要求学生要通过实践，对搭建知识架构形成自己的理解。这很好地契合了新课程改革对当前高中化学教学的要求。

## （二）有利于学生对教材进行更深入的理解和掌握

构建主义主张学生要积极主动学习，强调实践的重要性，并要求学生要对所学知识构建出知识架构，形成自己的理解。在此基础之上，学生再通过与老师的沟通、同学之间的交流，以问答或争论探究的方式，巩固和加深对教材的理解和掌握。

# 二、基于构建主义理论的高中化学教学方法实现的措施

## （一）教师应当转变教学思维，以学生为本

教师在教学中应是学习的引导者而不是指挥家。在教学中，教师应当重视对学生主动性和自主学习能力的培养。比如，在讲氧化还原反应的课题时，教师可以针对铁（Fe）这个物质进行探讨，让学生自己回答这个物质会发生的氧化还原反应，并说明反应发生条件。这样，教师不仅调动了学生学习的主动性，还培养了学生自己分析、解决问题的能力。

## （二）教师应当丰富教学方式，注重学生综合能力培养

化学是一门应用学科，因此，教师在教学中应当注重对学生的实践教学，提高学生的动手实践能力。比如，在讲关于钠（Na）的专题时，教师可以在确保安全的情况下，在教学中演示钠的实验操作；在学习完钠的专题之后，组织学生到实验室

进行实验，以验证课本中对钠的物理性质和化学性质的描述。对于一些危险性大的实验，教师可以借助视频教学给学生展示其实验发生的情景。这就使学生通过自身的实践对课本知识有了更感性的认知，而不仅仅局限于课本。这样，教师就实现了对学生实践能力的锻炼，有利于学生综合能力的提高。

# 第六节　基于学生科学精神培养的高中化学教学模式

作为高中阶段的重点学习科目之一，化学对学生的成长和发展有着极其重要的影响。在高中化学教学过程中，学生不仅可以掌握一定的化学知识，还可以得到科学思维和科学精神的培养。

## 一、基于学生科学精神培养的高中化学理论教学

为了使学生能够积极主动地参与高中化学的学习，教师必须激发学生的化学学习兴趣，减轻学生的化学学习抵触心理，使学生主动对化学知识进行探究、加深对化学知识的理解和记忆，从而有助于学生更好地将化学理论知识应用在实际生活中，提高高中化学教学的实用性。教师还要将科学精神的培养作为高中化学教学的重要任务，使学生具备科学精神，从而加深对抽象化学知识的理解，有利于对化学知识的掌握。

基于学生科学精神培养的高中化学理论教学，还可以成为沟通化学知识与实际生活的桥梁，让学生感受到化学来源于生活又高于生活，从而产生对化学学习的热爱之情，享受化学知识学习的过程，感受化学的独特魅力。例如，在教学"过氧化钠与水反应"的相关知识时，若是教师采取传统的高中化学教学模式，只针对相关的理论知识进行传授，将会使学生感到无聊，无法将注意力集中在化学知识的学习中，出现"溜号"、走神的情况。为此，教师可以先为学生演示"水能生火"的小魔术，使学生对本节课的教学内容充满好奇，其间教师再进行"过氧化钠与水反应"的理论知识讲解，就更容易使学生理解，并且进一步产生对知识探索的兴趣，从而培养学生的科学精神。

## 二、基于学生科学精神培养的高中化学实验教学模式

为了提高学生的动手操作能力，高中化学教学中还设置了相应的实验课程，通过化学实验，可以提升学生的科学探索意识和科学精神。但是在传统的高中化学实验教学模式中，通常采取教师演示、学生观察的方式。在这种方式下，学生参与性较差，很多学生甚至借此机会打闹。为了使学生可以在高中化学实验教学中得到科学精神的培养，教师必须不断丰富高中化学实验教学模式，提高高中化学实验教学中学生的参与程度，尽量减少自身操作，提高学生的自主学习能力，使学生全身心地投入化学知识的探究中，培养其科学精神。

例如，在教学"钠与水反应实验"的相关知识时，教师就需要转变高中化学实验教学模式，让学生在其中得到更多的实践和锻炼。又如，在讲钠的切割环节时，教师就可以让学生亲身参与，使其更加直观地感受钠的硬度。在进行钠反应的实验时，教师可以引导学生对钠在空气和水中的不同反应现象进行观察，从而产生对钠与水反应的深入思考，还可以引导学生通过对钠与盐酸、硫酸铜的反应产生联系，充分发挥学生的科学探索意识，培养学生的科学精神，实现一举两得的高中化学实验教学效果。

## 三、基于学生科学精神培养的高中化学课外实践教学模式

高中化学作为一门应用性、实践性非常强的学科，在教学过程中需要加强课内教学同课外教学之间的联系，这也是培养学生化学科学精神的需要。但是由于受到高考导向思维的不利影响，高中化学教师过分强调课内教学，常常忽略同学生现实生活之间的联系，也很少会在课外给学生安排实践教学项目，没有引导学生利用化学知识主动解决现实问题，从而制约了学生化学科学精神的培养。知识来源于生活，又应用于生活。对高中化学这门实践性、应用性、探究性比较强的学科而言，高中化学教师要有意识地加强课内教学同课外实践之间的联系，根据学生的学习需求和兴趣偏好开展形式多样的社会实践活动。这样不仅可以帮助学生更加深刻地理解所学知识，还能够增强学生的化学科学精神，达成"学以致用"的化学教学目标。

# 第四章　高中化学实践教学体系的构建

## 第一节　"任务驱动"教学模式在高中化学教学中的应用

### 一、"任务驱动"教学法在化学教学中的应用

"任务驱动"是一种适用于操作性和实践性知识和技能的学习方法，属于探究、合作教学模式，适用于培养学生操作能力和独立分析问题、解决问题的能力。化学是以实验为基础的一门学科，实践性很强，不仅要求学生熟练掌握基本理论知识，而且要求学生能灵活运用知识和实验技能解决实际问题，同时由于课程内容紧密联系实际，要求学生具有自主学习和终身学习的能力。

"化学与生活"模块教学的突出特点就是教学情境的开放性、教学内容的生活化、教学方式的实践性。"任务驱动"教学改变了传统的教学观念和角色，体现了"学为主体"的教学思想。

#### （一）教学任务设计

要想使任务驱动式教学能顺利开展，必须设计出好的教学任务。教学任务的设计要依据课程的教学目标，要能涵盖课程基本知识点。在任务驱动式教学中，任务确定后，还应根据学生的认知规律和知识点之间的前后联系分解任务，并尽可能把课程主要内容融入其中。例如，"垃圾处理"这一教学任务可以分解为以下前后有关联的项目任务：①垃圾处理的常见方法；②垃圾处理常见方法的利和弊；③垃圾处理的原则和措施；④垃圾减量、分类和回收利用的观念。

### （二）教学过程实施

教学过程的实施主要是指用项目来驱动教学，即以项目为情境，以问题为线索，由教师引导学生思考，并通过课上师生及生生之间的讨论、课下小组的协作等手段来推动项目的实施，最终完成项目及教学任务。

在整个教学的实施过程中，学生的学习采用独立学习和合作学习相结合的形式，将学生分成 6 个项目小组，每组由 6 ~ 8 名同学组成，有一个项目负责人，小组成员分工协作。课堂教学分别由"驱动问题线"和"学生活动线"来推动教学进程。

在整个教学过程中，学生是学习和完成任务的主人，而教师在教学中起组织者、引导者、促进者、评价者、咨询者的作用。

## 二、化学教学中"任务驱动"教学法的优势

传统的教学方法主要以传授为主。化学教学中实施"任务驱动"教学法，主要有以下优点：

### （一）有利于调动学生的学习积极性，培养学生自主学习的能力

传统教学模式的主体是教师，课堂上教师教，学生被动地接受知识，压抑了学生的创造精神，不能有效地培养学生的创新能力。在"任务驱动"教学法教学过程中，随着一个个任务的完成、一个个知识点的掌握，学生获得了成就感，增强了自信心，学习积极性随之也得到了提高。

### （二）有利于培养学生提出问题、分析问题和解决问题的能力

提出问题是分析任务的前提，而分析问题是解决任务的关键。在"任务驱动"模式下，学生必须学会质疑，提出需要解决的问题，设想并罗列各种可能的解决方案，通过探究选择最佳解决办法，才能顺利完成任务。

### （三）有利于培养学生的实践和创新能力

教育的主要目的不是简单重复前人已经做过的事情，而是使学生在前人所做的基础上有所创新。在"任务驱动"教学模式中，任务的设计是开放的，使学生可以

想象、创新，同时也给学生提供了创新机会。

### （四）有利于因材施教，实现个性化教学、分层次教学

学生对化学知识，特别是化学实验技能掌握的程度差异非常大。由于条件的差异，有些学生很少亲自动手做实验，只是课堂看教师演示实验，甚至只是看教师"画"实验；而有些学生的化学实验技能掌握得非常好，不仅可以熟练完成课本中的实验，而且可以做一些开发性的实验。面对如此大的差异，运用传统的教学模式只会使学生间的学习能力差异增加，这显然是行不通的。"任务驱动"教学将同一教学目标设计成不同层次任务，使基础好的学生在完成基本任务后，可以拓展自己的知识，完成提高性任务。任务设定在学生智力的最近发展区，使每位学生都获得成就感。

### （五）有利于培养学生合作精神和沟通能力

"任务驱动"通过合作学习、小组讨论、意见交流等形式，可以促进学生间沟通，使学生学会表达自己的见解，学会聆听他人的意见，学会评判、接纳和反思。这种认知的重建促进了学生高级思维的培养，提升了学生的科学素养。通过"个性自评"，学生可以客观地分析自己的作业，了解别的同学是如何分析、如何解决问题的，有利于开阔视野、促进智力发展。小组合作学习也有利于培养学生的集体主义观念、协作意识、协作能力。

# 第二节　以生为本：探寻和转化"相异构想"

## 一、"相异构想"及其特点

学生在学习某一项化学知识之前，头脑里并非一片空白。这些"未经专门教学，在同其他人进行日常交际和积累个人经验的过程中掌握的概念，其内涵受狭隘的知识范围限制，往往被不适当地扩大或缩小"，这就是所谓的"前概念"。学生正式学习某一学科前形成的前概念，有些与科学概念一致，有些与科学概念相悖，而这些偏离或背离科学概念的观点与认识即为"相异构想"。研究表明，学生的"相异构想"

有如下特点：

（1）广泛性。学生在正式接受科学教育之前对日常生活中大量的现象有了自己特定的理解。这一理解包罗万象，广泛存在于不同领域、不同层次的学生中。

（2）自发性。学生头脑中的"相异构想"源于对大量的日常生活现象的观察和感知。这些经验在学生大脑中逐渐深化发展，经过感觉、知觉、表象阶段最终形成概念。学生头脑中的"相异构想"完全是自发的，是他们凭借自己的感觉和经验构建起来的。

（3）顽固性。"相异构想"含有学生对自然现象先入为主的印象，是学生的切身体验，且在学生头脑中已经长期形成，通过生活经验对其进行了强化。因此，学生头脑中的"相异构想"具有顽固性。

（4）隐蔽性。学生头脑中的"相异构想"由于是潜移默化形成的，在日常交往当中表现不明显，只有在学习科学概念时可能联想到。

（5）再生性。学生的"相异构想"由于自身的顽固性，尽管通过教学，学生可以接受相应的科学概念，但是一段时间后又恢复其原有想法。面对一些现象，"潜伏"于学生头脑中的错误想法又被"激活"，即用"相异构想"加以解释。

## 二、化学"相异构想"产生的原因

"相异构想"从产生的途径上可以分为两种：一种是在接受科学教育之前，学生根据日常生活经验，在与自然和社会环境相互作用的过程中形成的；另一种是学生在接受科学教育之后，在教学情境中形成的，主要表现为一些学生缺乏感知经验的概念。

### （一）生活经验

化学与日常生活联系的密切性，决定了化学"相异构想"的一个主要来源是生活经验。学生在日常生活中，通过直接观察和感知，从大量的自然现象中获得了不少化学方面的感性知识，但由于实践认识的局限性，有的认识是片面的，甚至是错误的，有的则是对知识的一知半解，这是"相异构想"的一个重要来源。比如，由于学生在日常生活情景中确实多次观察到纸张、木柴等物质燃烧需要点燃，物质燃烧时有"火"的现象等，因而认为燃烧需要用"火"去点燃、燃烧离不开"火"；生活上用金属锅来煮饭、烧菜，因而认为金属不能燃烧。

## （二）学习环境因素

在传统教学中，教师为了某个知识点的教学需要，过分地突出某一方面现象或结果的观察与分析，而忽视了相关的其他知识，造成了偏概念，产生"相异构想"；或者教材提供的实例不够全面，也常常导致新的"相异构想"或强化学生原有的"相异构想"。例如，在关于"催化剂"的教学中，教师为了加深学生对"催化"的理解，由于举例的片面性，过分强调加快化学反应速率的作用，忽视了催化剂也可能会减慢化学反应速率，以致部分学生认为催化剂在化学反应中只是加快反应速率，而不是改变化学反应速率。

## （三）学生的认知水平

"相异构想"的产生还有学生主观认知结构方面的原因。有的学生本来基础差，对新的知识不能真正掌握和消化，只能在头脑中记住一些东西，而有的学生对化学学习没有兴趣，缺乏有意学习的心态。这些都势必造成学生对化学概念模糊不清或一知半解，如元素是一种具体的物质，化学平衡是一种静止而非动态的平衡等。

## （四）类似概念的干扰

化学中有很多字面相近、含义相似或属性相关的概念，由于它们之间对比度比较小、个性不够鲜明，在思维过程中就会产生误导性联想和思维分歧化，出现概念间本质属性的混淆，例如，物质的量和物质的质量，键的极性和极性分子，酸的溶液和酸性溶液，中和和中性，等等。学生如果对这些概念理解不够，把握不住它们的本质和区别，则极容易混淆或写错。

# 三、"化学反应原理"核心概念"相异构想"的探究

构建主义学习理论认为，学习是学生主动地将原有经验和新信息进行对比、分析、批判、选择和重建知识结构的过程，是观念（概念）的发展或改变，而不是新信息的简单积累。教学是为了促进学生从旧观念向新观念转变，而教师的任务则是选择能有效促使学生发生观念转变的教学策略。学生原有的"相异构想"不但是教学要改变的对象，而且是概念教学的起点。构建主义的"概念变更"学习观，是把学生原有的知识、经验作为新知识的生长点，引导学生从原有的知识、经验中获得新的

知识。因此，研究学生原有的观念和思维方式，弄清其对学习和理解新知识会造成什么样的障碍与影响，是实现概念转变的前提。

在学习选修模块"化学反应原理"之前，学生通过对日常生活的观察和体验以及初中必修课程的学习，已经积累了有关化学反应原理的初步概念，这是我们进行教学设计的起点和基础。在学生已有的概念中，有的与即将学习的新概念相融，这将有利于新概念的"同化"；而有的是错误的，或者虽然正确，但停留在认识的表象或局部，这对新概念的"顺应"带来冲突和障碍。了解已知概念中的"相异构想"，将有利于提高新概念教学的针对性和有效性。

## 四、"化学反应原理"核心概念"相异构想"的转化

### （一）充分了解和揭示学生原有的观念和思维方式

著名教育心理学家奥苏伯尔有一段经典的论述："影响学习的唯一最重要的因素就是学生已经知道了什么，要探明这一点，并据此教学。"他同时指出："当学生把教学内容与自己的认知结构联系起来时，意义学习便发生了。"了解学生知识、经验的状况以及思维习惯，尤其是了解学生已有概念中那些不全面甚至错误的想法与观点，是进行科学教育的基础和前提。

可采用各种诊断措施，如学前调查、课堂提问、讨论交流、课后谈话、作业和练习批改等，主动搜集反馈信息，有针对性地了解学生的这些"相异构想"，对我们在教学中有的放矢地设计教学策略是至关重要的。

学前调查主要基于教师教学实践经验积累的把握，因而调查的内容和结果并不全面和准确，只能帮助我们大概了解学生的"相异构想"。从构建主义的角度看，由于不同学生的原有经验和建构方式不同，对相同内容所取得的学习结果也不尽相同，而以积极的态度对待这种差异，可以丰富我们的教学资源。教学中设计针对性问题，通过交流讨论，让学生有机会表述自己的思想和见解，这样不仅可以促进学生对知识更全面地理解，还可诱导学生暴露"相异构想"。随着概念的不断建构和发展，已有的"相异构想"转化的同时，有可能伴随或衍生新的"相异构想"。因此，教师要通过作业、练习、考试等各种反馈渠道，及时监控学生"相异构想"的变化，并不断调整和优化教学策略。

## （二）设置开放教学情境，引发学生的认知冲突

从心理学角度看，凡经过否定、质疑的知识，在学生中才有较高的确信度。所以，转变"相异构想"的有效教学策略之一是教师在教学过程中创设能引起学生产生认知冲突的教学情境，以其无力解决的"冲突"动摇其顽固的"相异构想"，感到必须修正原来的错误观念或模糊认识，以此为契机和动力，指导学生进行认知"顺应"，形成与科学观念一致的新概念。

## （三）通过实验增强学生的感性认识

感性认识是对事物的直接反映，是心理活动的基础，也是学生实现"相异构想"转变的基础。"相异构想"转变过程中丰富学生的感性认识的主要途径是观察和实验。学生通过观察可获得更丰富、更生动、更能反映事物共同特征的感性认识。构建主义重视旧经验在构建新知识过程中的作用，而很多"相异构想"的形成，恰恰是因为学生缺乏构建新知识所必需的感性经验。这时，如果我们仍仅按知识的逻辑进行教学，则学生往往难以真正理解，充其量会觉得"似乎有些道理"，可自己原来的认识也是"有道理"的，于是兼收并蓄，可能记住了科学概念的定义，但并没有真正理解和接受新的概念，同时也保留了原来的"合理内核"，形成一种模糊混乱的认知结构。一旦面临一些特定的情境，"相异构想"就会自然地成为学生解决问题的依据，这就是"相异构想"的隐蔽性和顽固性。教学实践证明，增加让学生观察或自己动手做实验的机会，通过实验为学生提供必要的感性材料，是纠正"相异构想"的关键之一。

## （四）让学生学会科学的思维方法

按照构建主义的观点，学生实现"相异构想"向科学概念转变的主要机制是"顺应"。教学实践表明，只有在学生认为新概念比旧概念包含更本质的内容时，学生才能完全接受新概念，实现"相异构想"向科学概念的自觉转化。这时，教师应以分析、比较、归纳、推理等科学的思维方法指导学生自主建立新概念。教师在教学中不仅要紧紧抓住概念的本质特征，同时也要注意引导学生理解概念的外延。只有让学生感知新概念可靠的科学基础，认知"顺应"才能顺利进行。

学生的"相异构想"，既可以作为学生学习化学知识的感性知识基础，提供化

学知识建构的情境，又可以作为化学概念表征的原型，更重要的是，学生的"相异构想"可以作为化学问题解决的对象。构建主义认为，学习在本质上是学生主动建构心理表征的过程，是主体以已有的经验为基础，通过与外部世界的相互作用而主动建构新的理解、新的心理表征的过程。教学设计必须了解学生原来具有的知识、技能、态度等，必须与学生原有知识水平和心理发展水平相适应，在此基础上，通过教学加强新旧知识的联系，才能把新知识纳入学生原来具有的认知结构中；通过设计各种促进学习的过程和资源，促进学生的学习与发展，即通过对教学起点的重构，实现对学习的重构。这是教学设计中"学生中心"和"生本化"的体现，也是对原有课程与教学的突破和超越。

# 第三节　新课程背景下如何进行课堂观察

课堂是落实新课程理念的主阵地，是促进学生发展的重要场所，是教师专业成长的平台。因此，如何提高课堂教学的有效性就成了教师们最关注的话题。以往，为了提高教师的课堂教学水平，传统的听课、评课模式主要针对教师的教案设计、重难点的突破和课堂组织能力进行评价、探讨、反思和学习。但这种方式不够细化，指导性和针对性不强，对教师的促进较小。一种旨在通过改进教研组建设、改革课堂教学、改善教学行为，进而实施有效教学、提高教学质量的教学研究方法——课堂观察，成为新课程研究的热点。

## 一、何为课堂观察

### （一）课堂观察的概念

对于课堂观察有两种传统的理解：一种认为它是教师通过观察学生获得反馈，并提高教学有效性的途径和手段；另一种则将其理解为"听课"或"看别人上课"。从方法论的角度看，课堂观察有一定的研究目的、工具和程序等，是一种教育科学研究方法。从教学手段的角度看，教师通过观察学生和反省自身获得教学反馈，是一种提高教学效果的有效手段。从发展途径的角度看，课堂观察促进了教师的专业发展，改善了学生的课堂学习，是一种实现师生共同发展的有效途径。

当教师运用课堂观察这种研究方法开展实践活动时，不仅能培养自身的科研能力，还能提高教学的有效性，促进自身的专业化发展，学生的课堂学习也因此得到改善。可见，关于课堂观察的各种不同的理解并不是互相孤立的，它是一种研究方法、一种教学手段，也是一种发展途径。

### （二）课堂观察的特征

从方法论的角度看，课堂观察有五个特征：目的性、系统性、理论性、选择性和情景性。从研究方式的角度看，课堂观察具有主题性、情境性、建设性、对话性和层次性五个特征。从观察要素角度看，课堂观察有三个特征：观察者具有客观性、观察对象具有选择性、观察过程具有思考性。课堂观察作为一种教育研究方法，即在一定的理论指导下，研究者按照明确的观察目的，选择观察对象和工具技术，并且进入现场情境进行观察记录。

### （三）课堂观察的类型

按资料属性及其收集方式，课堂观察分为定量和定性观察；按观察者与被观察者的课堂关系，课堂观察分为自我的和对他人的观察；按观察者之间的合作关系，观察分为合作的和独立的观察；按对观察对象或内容的选择，观察分为集中和分散观察；按观察目的与作用不同，观察分为诊断性、提炼性和专题性观察；按观察主体不同将其分为团队、个体和自我观察；按观察情境范围及观察的系统化程度，课堂观察分为开放式、聚焦式、结构化和系统化观察。通常在研究中不可能单独运用一种观察，而是多种观察类型相互结合，以实现优势互补。

## 二、课堂观察的基本程序

作为一项专业活动，课堂观察要求观察者带着明确的目的，凭借自身感官及有关辅助工具（观察表、录音录像设备），直接（或间接）从课堂上收集资料，通过观察对课堂的运行状况进行记录、分析和研究，并在此基础上谋求提高学生课堂学习效率、促进教师发展的新途径。

专业的课堂观察是由明确观察目的、选择观察对象、确定观察行为、记录观察情况、处理观察数据、呈现观察结果等一系列不同阶段的不同行为构成的。专业的课堂观察是将研究问题具体化为观察点，将课堂中连续性事件拆解为一个个时间单元，将课堂中复杂性情境拆解为一个个空间单元，通过观察对一个个单元进行定格、扫描、搜集、描述与记录，对观察结果进行反思、分析、推论，以此改善教师的教学，促进学生的学习。专业的课堂观察由既彼此分工又相互合作的团队进行。在课堂观察的整个过程中，每一个阶段都是教师之间多向互动的过程。教师借助课堂观察共同体，探究、应对具体的课程、教学、学习、管理上的问题，开展自我反思和专业对话，在改进课堂教学的同时，促使该合作体的每一位成员都得到应有的发展。

## 三、如何进行课堂观察

第一步，确定研究问题及目的——针对实际工作中所须解决或改善的问题确定研究方案。

著名教育理论专家柳夕浪先生指出，课堂观察"一般只就课堂教学中某一个方面做系统观察，专心致志于特定的事件上，并不打算对教学行为做一全景式的观察和概览，而注重提供一些局部性的'特定镜头'，有重点地做较为深入细致的诊断"。柳夕浪先生所说的"某一个方面""特定的事件"，或"一些局部性的'特定镜头'"，其实都是主题的聚焦。主题是课堂观察的灵魂。要选择合理的主题进行观察，主题的选择应该是细小而具体的。主题可以是单一的，也可以是多个的，但不宜过多；主题可以是预设的，也可以是适时生成的；主题可以以教师的"教"为主，也可以以学生的"学"为主，还可以以课堂的文化为主。

我们要注意的是，课堂观察应该选择好的观察视角进行观察，并研究性地进行记录，方能体现其价值。例如，我们对"提问有效性"的观察，就是根据提问次数、提问时机、问题类型、问题呈现方式、教师回答技巧、学生回答表现等进行细化观察。只有这样，才能让"课堂观察"更加贴近一线教师，也更能发挥它鲜活、及时的特性，便于小结和反思。

第二步，确定观察工具——选择和设计相应的观察工具。

观察前，一般要先准备好学生的座位表、问卷表、录像机、录音机等，最为重要的是开发课堂观察的相关表格。在课堂观察框架的基础上，根据学校和学生的特点，结合当前需要解决的问题，设计相关的观察表，包括定性与定量的观察要求。比如，我们想观察学生在课堂中对教师问题回答的各种表现，那么我们可以开发学生课堂回答问题记录表。量表横向由三个部分组成，一是学生回答方式，二是学生回答类型，三是学生回答的主动性；纵向按照教学环节分为四个部分，每一部分都设置要点记录，观察教师对教学环节中学生的应答行为进行定量记录，同时进行定性描述。

此外，我们都要做现场观察记录。条件好的学校可以做全程录像、录音。做现场观察记录主要有定量和定性两种方法。定量强调的是数据统计，而定性强调的是对教学细节的描述与放大。

第三步，观察的实施——团队观察、自我观察、个体观察的选择。

对于不同的观察类型，观察的要求也是不一样的。团队的课堂观察应该规范化。教师在规范化的观察中学会观察的技巧，养成观察的意识，掌握观察的方法。在团体观察时，参与观察的全体成员要处理好协作关系，做到分工、职责明确，规范而有序地开展观察活动，做好相应的记录，积极发表各自的观点，包括问题的归因、改进的建议。

自我观察是日常的观察、瞬间的观察，是一种课堂教学的微观分析。自我观察，可以让教师及时发现学生学习态度、学习方法的变化，以及对教师授课的反映，帮助教师认识自己的课堂教学实际，了解自己的授课能力和教学效果，便于教师进行针对性的教学反思，还可以让教师及时寻找出预设与实践的差距，对课堂教学中存在的问题进行研讨，寻找有效的教学策略。自我观察促使教师立足于观察自己的课堂，从而反思自己的教育理念和教学行为，感悟和提升自己的教育教学能力。无论处在哪个发展阶段的教师，都可以根据自己的实际需要，有针对性地进行课堂观察，从而获得实践知识，改进自己教学的技能，提升自己的专业素养。自我观察不仅是一种方法，也是一种研究活动，可视为一种促进教学的方法，可以促进教师教学目标的达成，提升学习成效。自我观察也是一种探究途径，可以有助于教师发现、分析和解决"教"与"学"的问题。观察结束后，整理出较完整的观察结果和发现，并对这些发现进行开放式的讨论，形成更好的教学方法，为有效课堂服务。只有不断优化课堂教学，才能真正使学生学得轻松、教师教得轻松，才能真正提高课堂效率。

第四步，分析与思考——对观察的信息或数据进行定性或定量分析。

第一，教学者反思。观察者提出诸如你的课好在什么地方、达到了哪些目标、什么地方需要改善之类的问题，帮助教学者进行自我反思。第二，总体感受和片段反思。观察者呈现数据，围绕所观察到的教学事实，与被观察者一起分析、讨论。在这里，我们特别强调要用数据和事实说话。第三，深入反思。我们在进行分析、总结的时候要特别注意尊重观察到的教学现象，在思考的时候要基于教学的整个系统，要十分注意发现细节与细节之间的联系，在反思过程中不断建构自己的行为与理念。

## 四、课堂观察的意义

### （一）课堂观察的起点和归宿都指向学生课堂学习的改善

课堂观察主要关注学生如何学习、会不会学习，以及学得怎样，这与传统的听评课主要关注教师单方的行为有很大的不同；即使所确定的观察点不是学生，其最终还是需要通过学生是否学得有效得到检验。因此，课堂观察的过程是合作体关注学习、研究学习和促进学习的过程，始终紧紧围绕着学生课堂学习的改善。

### （二）课堂观察是促进教师专业发展的重要途径之一

课堂观察是为了改进课堂学习，追求内在价值，面向未来，在观察的整个过程中进行平等对话、思想碰撞，探讨课堂学习的专业问题。课堂观察即教师参与研究，是教师专业发展的最重要且最有效的途径之一。课堂作为教师教学的主阵地，是教师从事研究的宝贵资源。课堂观察促使教师由观察他人课堂而反思自己的教育理念和教学行为，感悟和提升自己的教育教学能力。无论是观察者还是被观察者，无论是处在哪个发展阶段的教师，都可以根据自己的实际需要，有针对性地进行课堂观察，从而获得实践知识，汲取他人的经验，改进自己的教学技能，提升自己的专业素养。比较有质量的课堂观察就是一种研究活动，它在教学实践和教学理论之间架起一座桥梁，为教师的专业发展提供一条很好的途径。

## （三）课堂观察有助于学校合作文化的形成

课堂观察是互惠性的，它不是行政命令，也不是规定性的任务，而是出于自愿和协商的专业学习活动，使观察者和被观察者都能受益。课堂观察合作体的形成与活动的开展，营造了一种合作的学校文化，增进了教师的责任感和对学校的归属感。在课堂观察中，我们追求一种基于草根的学术追求。这种"草根学术"强调一线的特征。这种学术异于学院派的学术，强调在课堂具体问题的研究中成长，而这种成长伴随着一种求真、创新的学术精神，呼唤一线教师用自己的话诉说自己的体验与思考。课堂观察用专业的眼光捕捉、解读教学现象与细节，使教学现象与细节晾晒在理论之下，而教育理论的内涵也在实践的沃土中更加丰富。

# 第五章　高中化学"开放式"课堂教学模式

化学学科的学习，可以让学生体验到探究的乐趣，掌握科学研究的方法，培养创新精神和实践能力。创新性活动是开放性的，创造性思维是发散性的。只有开放性的教学模式才能培养出发展性的创新型人才。因此，高中化学"开放式"课堂教学模式的研究，就其教育哲学的逻辑内涵和教育功能的应用外延，都有着天然的合理性和广泛的发展性，对于新课程改革具有重要的实践价值和指导意义。

## 第一节　高中化学"开放式"课堂教学的内涵

对化学教学来说，培养逻辑思维能力是重要的，但只有逻辑思维能力是远远不够的。如果说"逻辑思维"是收敛的、封闭的，那么"创造性思维"必须是发散的、开放的。"开放式"的化学教学，则是有效地将二者整合为一的关键性方式。

### 一、化学"开放式"课堂教学内涵的界定

"开放式"教学是与"封闭式"教学相对的，而"问题"又是化学的核心，因而以"开放性"问题来引导开放式课堂教学是化学学科的基本特色。因此，化学"开放式"课堂教学是指在化学课堂教学中，以"开放性问题"为教学内容，以开放性思维为培养目标，以开放性活动为培养方式的一种课堂教学形式，其开放包括教学目标的开放、教学内容的开放、教学过程的开放、教学方法的开放、师生关系的开放、教学环境的开放、学业评价的开放。化学"开放式"教学是一种教学理念、一种教学文化、一种教学形式、一种教学艺术，它具有民主性、动态性、创造性、合作性的特点。高中化学"开放式"课堂教学模式有两层含义：一方面是指课堂教学要为学生创设一个有利于群体交流的开放的活动环境；另一方面是让化学学习活动成为

一个生动活泼而富有个性的过程，给学生创新思维提供更广阔的天地，得到更充分的发展。

## 二、化学"开放式"课堂教学内涵的释义及要素分析

"开放式"教学应有三个基本特征：其一，学生与化学活动融为一体；其二，学生的活动是开放的；其三，问题本身是开放的。因此，开放性化学教学，是在开放的人文环境中创设有利于学生探索学习、合作交流的开放性问题情境，在开放的问题解决过程中，使不同水平的学生在不同的层次上得到相应的发展，获得不同的学习和情感体验。"开放式"教学的内涵包括以下几个方面。

### （一）教学目标开放

由于学生化学学习能力和水平的差异，教学目标不能追求完全的统一，其理论内涵是人本主义心理学的教学观念。教学目标的开放性体现在两个方面。其一，群体的开放性。整体的三维目标设计本身就应该具有一定的开放性，也就是说教学目标整体应该是动态的，是可以在教学中适度调控的。如果在教学中大多数学生无法达到，教学目标可以随之降低，反之亦然。另外，教学目标还要具有一定的延伸性、发展性，可以促进学生课后反思，为其后续发展预留空间。其二，个体的开放性。按照我国现在的实际教学情况，还不能为每一位学生设计一个教案，设定一个个性化的教学目标，但是在教学目标设计时要考虑不同水平学生的学习要求，教学目标设定要有层次性。但是无论对于哪一层次的学生，为他们设立的目标都应在他们的最近发展区内，实现每一位学生的个体性发展。

### （二）教学内容开放

虽然教学内容的基础是课本，其体系和元素是相对固定的，但是教学呈现内容的方式是开放的、呈现的角度是开放的，知识元素可扩展的外延是开放的，这是后现代主义的课程观和建构主义的表达。首先，从宏观设计的角度，化学教学的内容既要强调终身学习必备的基础知识和基本技能的掌握，也要加强课程内容与学生生活以及现代社会科技发展的联系。其次，从课堂教学的角度，教学要根据学生掌握

知识和能力发展的情况，对教学内容进行适当伸缩，要体现一定的自主性和开放性。

### （三）教学过程开放

教学的发生、发展总是在动态因子的组合中进行的，因此教学过程应当是开放的，其体现的是后现代主义的教学观。教师教学为激励学生主动参与教学活动，将时间和空间让给更多学生，鼓励他们动手实验去探求事物的本质。在活动的过程中师生互动、生生活动，使不同层次的学生都参与其中，这并不是为了追求外在的开放、形式的开放，而是"愉快学习"和"积极参与"。

### （四）教学方法开放

教学方法的运用和研究必将是开放的。只要能激发学生的主动性，使用任何方法都可以，这是化学教育哲学的思辨。各种教学方法之间应是相互开放的，要求教师灵活运用各种教学方法和教学手段对课堂教学进行动态调控。另外，教学中适当运用计算机模拟与化学实验相结合，促进学生探究问题现象与本质。大多数学生对于信息技术的引入和化学实验很感兴趣，希望多开展这样的教学方式；学生发挥学习中的自主性、主动性和创造性，学习的方式也是开放的，可以小组学习或个别参与等多种方式有机结合。教师应做好宏观的调控和微观协调的工作。

### （五）师生关系开放

"开放式"教学需要建立民主、和谐、平等的师生关系，其核心是后现代主义的主体论。这种开放的关系强调教师在教学过程中的主导地位，同时要求尊重学生在教学活动中的主体地位。教师与学生一起活动探索，分享经验与成果，引导学生、信任学生，让学生真正成为课堂的主人，既要通过课堂教学来推动学生智力发展，又要通过学生的发展来促进教师课堂教学。

### （六）教学环境开放

教学环境开放包括教学时间和教学地点的开放、学生心理环境的开放。班级授课受课堂时间的限制，往往不能透彻地完成某些教学内容的探索过程。由于化学课本身具有实验方面的特色，我们应将教学时间和学习环境进行适当的开放，走进实验室，走进大自然。除了教学过程的开放，还可以进行开放课前和课后。学生课前预习，课后及时巩固，而教师可以布置有开放性的题目，让学生有选择、有目的性地学习。

### （七）教学评价开放

对于教学评价，应从学生的课上学习情况、课后作业情况、师生互动情况、生生互动情况、学习的投入情况等方面进行评价。

# 第二节　高中化学"开放式"课堂教学模式

## 一、高中化学"开放式"课堂教学模式的建构原则

根据新课程改革对高中化学"开放式"课堂教学提出的新要求，结合化学"开放式"教学的理论基础和基本内涵，高中化学课堂开展"开放式"教学需要遵循以下五个原则。

### （一）开放性原则

这是"开放式"教学最直接、最本质的原则。这种开放是全面的开放，从思想到行动，从课上到课后，从教学到评价，努力形成一种开放、弹性、多元的动态体系。教学目标应是弹性的，教学过程应是动态的，教学内容应是开放的，教学方法应是多元组合的，教学结果应是多样的，学生发展应是多种取向、多种可能和多种机会的，教学评价应是多维的。

### （二）主体性原则

"开放式"教学核心是促进教师和学生的双向发展，使其能够准确定位和执行自身角色功能。教师在主导地位上，营造开放性环境，实现学生主体性，促进每位学生的发展。另外，在开放环境下学生思维被激发、扩展，可以有效刺激教师自身的教学反思，为教师提供更生动的教学案例、更丰富的教学经验、更广阔的教学触角、更多元的教学思维。

## （三）过程性原则

过程性原则就是在教学过程中师生共同参与，充分体现化学思维过程的一个原则。教师应着力引导学生多思考、多探索，让学生学会发现问题、提出问题、分析问题、解决问题，以及亲身参与问题的真实活动之中。在参与的活动中，学生通过动口、动手、动脑亲自体验过程。实践证明，这种参与式对学生认知的发展将会产生深远的影响。

## （四）探究性原则

在开放的条件下，学生提高了独立思考能力，而适合全体学生知识水平和认知结构特点的探索性问题出现了，有了善于为学生创设问题情境、解决问题的方法，激励学生表达自己的认知和见解、想法，突出对学生发现问题、解决问题的能力培养。

## （五）合作性原则

"开放式"教学的目的并不是片面强调学生个体的发展，而是强调群体发展中的个体突破。课堂教学必须发挥集体的作用，在合作当中才能营造真正平等的氛围，才能提供真正开放的环境，而且合作能力本身就是"开放式"教学培养的核心目标及核心方法之一。

# 二、高中化学"开放式"课堂教学模式的基本环节解析

## （一）确定开放目标，创设问题情境

问题情境是指"个体意识的目的，但不知道怎么实现心理困境"。问题情境是一种内心状态，一种当学生感知到的学习内容与其原有认识水平冲突，对疑问急需解决的内心活动。从定义上分析，它具有三要素：未知的事物（目的），思维动机（如何达到），学生的能力水平（觉察到问题）。心理学研究表明，个体都具有弥补知识空缺、解决认知失调的本能性反应。学生具有了学习新知识的渴望，就能促进其学习中的各种活动。所创设的情境必须是学生现有能力有可能达到的，这样才可能引发有效的思维和成为探索的开端。问题情境的有效设置能够引起学生认知的失调，为有效的课堂探究提供保障。问题情境的设置必须生动、有效才可能激发学生探究。

教师在教学活动中，有效地、有意识地创设问题情境，激起学生探究事物的愿望，引导他们体验解决问题的快乐，培养其创造思维。问题情境具有强烈的吸引力，能激发学生对学习的渴望，使学生自我效能感提高，促进学生养成自主想象的思维习惯。情境创设的依据是教学目标，有效的情境创设有利于激发学生的问题意识。新课程三维目标体系为"开放式"教学目标。教学目标的设定也直接影响教学内容的选择和问题情境创设。

**1. 知识性目标及情境创设原则**

从教学内容本身来看，知识体系并没有很大的改变。但是教师对知识内容的解读和理解方式必须发生相应的改变，也就是改变教师对知识的理解视角，打破原有对知识信息化的理解。知识虽然以传授信息的形式进入课堂，但是它所扮演的角色不再仅仅是讲授的内容，而是课堂探究的引发剂，是贯穿课堂的信息主线和活动主线。因此，教师在准备课堂教学内容的时候必须考虑到"如何创设情境、引发疑问"这个问题，也就是找到知识本身的"疑问点"，必须做到使学生"有疑而问，而不是无疑而问"。课堂教学中"开放式"问题设计更是教学设计的核心。

知识情境设置注意"适中性原则"。虽然化学课堂教学的具体内容是有课标规定的，但是对于学生而言都是新的知识，所以学生内部的认知动机都是一样的，对于获取新知都能起到正向推动作用。因此，教师在挖掘知识内涵的时候应当注意到学生现有知识结构、认知水平的状况，合理选题。"开放式"教学的目的并不仅局限于思维训练，还取决于实践能力、情感体验等诸多要素。

知识情境设置注意"多维性原则"。知识本身是一维性的，也就是只能体现其自身的信息性。如果"开放式"教学中教师只注重知识本身，那么教学过程就只能是知识的传递过程，教学的教育效能就大大降低。所以在进行教学设计时，选择知识情境就必须注意到教学其他各方面的要求，在知识情境的设置中就应当加入行为、过程、情感等若干因素，从而丰富教育情境的活动因子，增强教育的有效性。

**2. 行为性教学目标及情境创设原则**

"开放式"教学中行为的因素被大大强化，充分鼓励学生在课堂上就开放题展开广泛的交流。所以行为能力的培养不再是教育的影响因素，而成为教育必须实现的教育目标。学生只有通过交流活动，才能有效地将所学的知识转化成能力，知识建构才能更有效完成。

教学中行动的意义不单单是使学生的思维更加活跃，使学生产生更高的思维活性，而是通过行为使学生获得相应的能力，形成相应的素养，养成相应的意识品质。教学过程中行为内容的选择，要根据知识内容中渗透的相应的实践能力进行确定，并以此刺激学生的感知觉，以更好地获取知识、进行建构。知识体系有其建构性，行为能力依然有其建构性，实践能力的养成也是一个螺旋上升的过程，是在一定行为能力的基础上继续建构的。因此，教师在教学中不但要强调化学逻辑分析等行为能力的习得，也要强调化学行为能力的建构，使学生养成的行为能力不是孤立的单个技能，而是有效的行为整体，这样的能力才是有意义的。

### 3. 情感性教学目标及情境创设原则

在教学目标中考虑意识情感的因素，就是通过现代化的教学理念与教学技术的有机整合，实现教书育人的教育目的。情感教育的实现可以将知识、能力升华为一种精神动力，反向激发更有效的知识学习和能力养成，为学生知识、能力的更有效发挥提供内驱力的保障。

通过对知识的探究和行为过程的实践，要让学生在这个过程中获得相应的情感体验，这是从学习的外部条件向内部动因转变的关键性过程。教育的目的不仅仅是让学生获得相应的知识、技能。这种技能要发挥效力，必须使之转化成必要的能力，而要使这种效力发挥良好的作用就必须使之以意识的形式固化。这样，教育才真正起到了"教书育人"的作用，也为学生的自身发展奠定良好的基础，为教育向良性方向的循环提供方向。

首先，注意过程体验中的自我养成。在情感教育内容实施过程中，教师应当力争让学生自主发现、自主总结、自主养成，不是通过形式化的说教，这样反而会使学生产生厌学心理。保证学生的自主发现，就必须在教学方法的选择和实施上认真考虑。

其次，创设真实的体验情境。教师应当在教学设计中让学生在获得相应的化学学习情感体验的同时，体会到具有这些品质的意义。所以教师不但要为学生提供真实的情感养成情境，还要为学生提供相应的应用情境，促进其情感的内化。

最后，提供有效的言语指导。有效包括"促进性"和"实效性"两个层面的意思。所谓"促进性"，就是教师的指导是为了使学生更好地发展，所以教师应当考虑学生的自身情况，实现有效的换位思考，为学生发展提供帮助。"实效性"就是教师应当注重言语指导的时机，不是在所有时候都要提供指导，也不是说指导等同于讲授，"有效的指导不意味着让学生马上理解"。有效的言语指导的真正意义是"引导"与"激发"的作用，以使学生有效地完成探究过程，但应当注意"有效"不意味着"顺利"。

## （二）设计开放问题，展开自主探索

开放题设计的研究已经非常广泛、深入，在此不加赘述。但是研究者在此提出的开放题设计不是一元性的，而是学生与教师要共同参与。教师编制出开放题呈现给学生的时候，学生要对其进行自主探索，并可以修正、改进开放题内容，从而做到一种双向性的交流互动。教师所提供开放题是一个能激发学生思维的学习环境，让学生主动探索，积极思考，促进知识的建构，培养学生的探究、批判能力。教师利用多媒体为学生提供内容丰富、信息量大、具有交互功能的学习资料。教师要在环境中培养学生思维力，使学生可以更有效地投入后续的合作探究之中。教师在设计开放题时应遵循以下基本原则。

### 1. 开放性原则

开放性原则，扩展学生的思维空间，让学生模仿、探索、创新，开放学生的思维和创造潜力，有利于学生感受、领悟到再生创造知识的方法和技巧，培养学生的创新意识和能力。该原则要求开放性问题的设计应根据教材和学生基础知识的内容，注意避免主观主义的实际情况和人云亦云。

### 2. 灵活性原则

该原则有利于学生的思维呈现活化状态，促进学生思维灵活性、敏捷性品质的形成。该原则要求设计时，形式要灵活多样、生动活泼、不拘一格。

### 3. 层次性原则

该原则将帮助学生更深入地思考，运用所学知识并不断地扩大使用知识，提高思维的深刻性。该原则要求设计开放题应讲究梯度，应根据学生的认知规律及思维特点，由浅入深，拾级而上，螺旋上升，层层开放。

### 4. 实用性原则

该原则有利于调动学生分析、研究、解决问题的兴趣，又有利于使学生体会到知识的实用价值，体验到化学知识来源于生活又服务于生活，从而促使学生自觉用化学眼光去观察、分析生活实际问题，提高解决实际问题的能力，避免学习和运用知识的脱节。该原则要求设计应紧密联系生活实际，多设计一些面向生活的开放题。

## （三）合作交流讨论，建构新知结构

"开放式"教学不但要有开放的教育模式，还要培养开放性的个体，培养学生交往的技能及分享、合作的态度。分享中的彼此激励，可以帮助学生有效地看见自己与他人的差异性，主动建构自己的知识体系。与个体单独活动及集体活动相比，合作交流对实现这方面的目标具有独特的作用。"开放式"教学小组活动的形式展开积极的讨论，可以帮助学生提供更广阔、多元的开放思路，且整个学习过程都可以在其中进行：从合作协商、修正开放问题，到分工合作分析、讨论问题，再到交流讨论不同思路、想法得出结论，再到共同行动、拓展实践意义，最后组内反思、评价、整合差异性。

## （四）反馈调节巩固，强化运用变式

反馈是课堂教学的一个重要环节，是实现有效控制的主要手段。它是学生深化、巩固所学知识的一个过程，也是教师了解学生掌握知识、发展思维、强化能力程度的一个重要手段。反馈主要是通过课堂练习的形式。要达到开放性的原则，课堂练习应当采取分层次进行的原则，但是课堂教学实践有限层次不能过多，分为三个层次比较适切。A 级题针对学优生设计，属发展性试题；B 级题针对中层学生设计，属难点性试题；C 级题针对学困生设计，是保证巩固课堂所学知识的最基础的习题。不同学生进行针对性练习，并且在保证基础的同时，预留一定的发展空间。另外，注意化学习题"变式"的应用。提供概念变式、原理变式，加强反馈练习的多元性，也使学生能够对知识的掌握更加准确。

### （五）多维深化拓展，评价作业反思

这一部分首先要求学生反思自己的思维过程，完成知识的构想，总结规律，提取方法。另外，学生可通过开放式练习题的讨论实现多维拓展、创新，还可以通过自编题来实现拓展、创新。自编题是学生在对知识、问题有较深透的理解的基础上才能完成的，它需要综合各方面的知识进行创造性的思考，它是使学生的主观能动性得以充分发挥的有效措施，也是丰富课堂内容的有效方法。

上述五个环节环环紧扣，其教学设计呈现出开放性特征：教学题材来自教材、来自生活、来自学生，在情境化中强化学生问题意识；课堂上教师提供开放问题，学生可以修正、讨论，并通过交流合作形成多元化的共性意见；设计的练习呈现条件开放、结论开放、策略开放；结合开放性的评价，真正实现"开放式"课堂教学的开放性、主体性，体现过程、适度、探究、合作。

# 第六章 高中化学课堂教学设计

## 第一节 高中化学课堂教学设计的含义

化学课堂教学设计是化学教师为有效地完成课堂教学任务而进行的教学规划，主要包括化学课堂教学目标的设计、化学教学活动的设计、化学教学策略的设计、化学教学实验的设计、化学教学媒体的设计以及化学教学效果的评价设计等。

按照教学设计的定义，化学课堂教学设计应该是以教学论、教育心理学和传播学理论为基础，用系统科学的观点和方法，来分析化学课堂教学任务，确定化学课堂教学目标，选择化学教学活动、化学教学策略、化学教学媒体以及评价化学教学效果的方法等。因此，化学课堂教学设计主要体现在化学课堂教学目标、教学活动、教学策略、教学媒体和教学评价等对象的选取上。由于化学课堂教学是化学教学最基本的形式，化学教师要针对化学课堂教学设计的主要对象，精心设计课堂教学的每一环节，以便获得最佳的教学效果。

化学课堂教学设计的基本过程可以表述为：化学教师以系统科学的观点和方法为依据，在研究学生身心及相关理论基础上，根据化学课堂教学的目的和要求，确定具体的教学活动、相应的教学策略，选择需要的教学资源，安排教学程序和方法，按照教学内容选择教学媒体，有效地传递和转换教学信息，通过反馈调节，评价教学效果等一系列的教学环节，使化学课堂教学效果达到最优化。

综上所述，化学课堂教学设计是化学教师为达到预期的化学教学目标而对教学活动进行系统规划、安排、决策的过程，是优化课堂教学程序、提高课堂教学效率、落实素质教育的重要环节。

# 第二节　化学课堂教学设计的基本要求

化学课堂教学设计的基本要求主要体现在化学课堂的教学现状了解、教学目标确定、教学过程安排和教学反馈信息的获取与评价等方面。

## 一、充分了解教学现状

化学课堂教学起点的选择是很重要的，它直接关系到化学课堂教学效果的优劣，而恰当的课堂教学起点的确定有赖于对化学教学现状的充分了解。化学教学现状包括学生的认知水平状况、学习态度和背景知识状况；教材内容深浅、范围状况；可以参照的教育心理学和传播理论的状况等。只有认真分析、了解学生的情况，掌握他们在化学方面的一般特征和初始能力，把握化学教材内容的难易、质量和数量，以及相应的教育心理学及传播理论的基本原理，才能做到心中有数、因材施教，这些是做好化学课堂教学设计的基础。

## 二、确定适度的教学目标

化学课堂教学目标是师生通过"教"与"学"的活动所需要实现的学生行为的变化（涉及认知、技能、情感、态度、品格等各方面）。这种行为变化以教学完成时学生应达到的学习水平为标志。通常，化学课堂教学目标可以用课堂教学活动中的可观察、可测定的行为术语精确地表达出来，要指明学生应该掌握哪些知识和技能，培养何种态度和情感，也要尽可能地表明学生内部心理的变化。化学课堂教学目标是化学课堂教学的出发点和归宿，因此化学教学目标的设计，是完成整个化学课堂教学设计的重要任务。在确立化学课堂教学目标时，既要考虑到课堂教学的需要，又要考虑到实际实现的可能；既要考虑到近期要求，又要考虑到长远要求；同时，还要注意到目标的层次性和阶段性。只有适度确定出的化学课堂教学目标，才能使其切合教学双方的实际，真正起到对化学课堂教学的定向、激励和评价的作用。

## 三、有效安排教学过程

化学课堂教学过程是为达到化学课堂教学设计目标所采用的各种教学手段与途径的配合与展开。安排化学教学过程是在针对特定的化学课堂教学目标所采用的教学活动、教学策略和教学媒体等的选择与使用上的总体考虑。化学课堂教学过程的安排，要兼顾控制和协调、"教"和"学"两方面的各种因素，因而它有全局性、联系性和动态性的特点。化学课堂教学过程中任何一个环节出现问题，必将影响化学课堂教学的整体效果。因此，在安排化学课堂教学过程时，教师既要能审时度势，把握全局，又要能灵活方便，统筹规划，照顾个别，自始至终贯彻"教为学服务"的思想，最大限度地调动学生参与的积极性、思维的积极性和学习的主动性，取得最佳教学效果。

## 四、及时利用反馈信息

在化学课堂教学过程中，师生之间的相互作用、相互影响和相互制约，发生在"教"与"学"的活动交往中，也就是化学信息的传输和反馈控制之中。因为化学信息（知识）通常以静态形式存储，教师只有通过一定的教学手段，把信息转换成传输状态，才能为学生所接收，只有随着化学教学进程的反馈控制及随时调整的不断进行，才能使化学课堂教学达到预期的教学目标。既然化学课堂教学的功能是通过化学信息的传输和反馈控制来实现的，化学教师就应该及时利用反馈信息形成化学课堂教学评价、完成对化学课堂教学的正确调控，这是化学课堂教学设计的基本要求。关于教学评价设计的各种形式，包括诊断性评价、形成性评价、终结性评价的设计，都应该为了解化学课堂教学目标是否达到、达到程度如何而服务，并作为随时调整化学课堂教学的依据。

# 第三节　化学课堂教学设计的原则

化学课堂教学设计原则，是进行化学课堂教学设计所依据的准则。要确立正确的课堂教学原则，必须认真探求这一原则确立的依据。只有真正把握确立课堂教学设计原则的本质依据、理论依据和指向依据，才能在全面、系统的课堂教学设计中找到正确的方向。

第一，化学课堂教学设计原则确立的本质依据。探究化学课堂教学设计原则，应首先明确这一原则具有的本质规定性。化学课堂教学设计原则是反映化学教学设计规律、指导化学教学设计活动的法则和标准。这种本质的规定性确定了化学课堂教学设计原则建立的原始动因，是要将围绕化学课堂教学设计的一切活动都规范在以化学课堂教学能够有效进行为中心的范畴之中。

第二，化学课堂教学设计原则确立的理论依据。化学课堂教学设计所依据的理论是系统科学和教育心理学在教学领域中的具体应用。因此，确立课堂教学设计原则，必须遵循系统科学和教育心理学的基本原理和方法。课堂教学设计本身就是一个完整的系统，而作为其本质的课堂教学设计原则，应该反映教学设计系统的整体性这一显著特点。只有反映这一特点、遵循教育心理学规律的原则，才会对教学设计产生普遍的指导意义。

第三，化学课堂教学设计原则确立的指向依据。按照事物存在的客观性和联系性，要正确地确立化学课堂教学设计原则，应该把握其适用对象及范围，这样所确立的原则才会有明确的指向。化学课堂教学设计的原则是在化学课堂教学设计的实践中应运而生的，又反过来成为化学课堂教学设计的准则和依据。因此，能够针对课堂教学的对象和范围进行化学课堂教学设计实践，是构成化学课堂教学设计原则的重要依据。应该看到，化学课堂教学设计原则既适用于化学课堂教学的整体设计，也适用于其整体设计中的分设计，对化学课堂教学设计各基本要素都具有指导作用，并且对各要素的相互关系也具有规范和协调功能，始终能把多种要素紧固成一个有机的整体。为了保证化学课堂教学设计的系统性、科学性和一致性，既遵循化学课堂教学的规律，又符合学生的学习特点，化学课堂教学设计应遵循下列原则。

# 一、目标性和可行性相统一原则

由于化学课堂教学设计是在教师熟悉化学教学大纲、把握化学教材内容及各个知识点的基础上，得出的化学课堂教学的具体目标和要求，所以每堂化学课的教学活动都应该围绕所设计的化学课堂教学目标而开展，以便完成化学课堂教学任务。

课堂教学目标不仅要考虑知识、能力达到的程度，还要加强思想品德的教育和非智力因素的培养，努力使学生在知识、能力、思想、心理等各方面都得到全面发展。然而，化学课堂教学设计是依据有关教学理论对化学教学实践所做的规划。这种规划要成为现实，必须具备至少两个可行性条件：一是要符合主客观条件，如主观条件应考虑学生的年龄特点、认知水平、知识结构和师资水平，客观条件应考虑教学设备、地区差异等诸因素；二是要具有操作性。只有这两个基本条件都具备，化学课堂教学设计方案的实施才能达到预期目的，使课堂教学设计对教师和学生来讲都是行之有效的。因此，化学课堂教学设计要遵循目标性和可行性相统一的原则。

## 二、系统性和针对性相结合原则

化学课堂教学设计是一项系统工程，它由化学课堂教学目标设计、教学活动设计、教学策略设计、教学媒体设计和教学评价设计等子系统组成，各子系统既相对独立，又相互制约，共同组成一个有机的整体。各个子系统的功能并不是等价的，其中教学目标设计就制约其他子系统的作用，因为确立适当的教学目标在整个教学设计系统中起着"纲举目张"的功效。因此，这些设计应立足于整体，使每个子系统协调存在于整个教学设计系统中，以便最终达到课堂教学系统的整体优化。进行化学课堂教学设计，应遵循系统论的观点，统筹兼顾各个子系统，只有将各个子系统和谐地统一在总体之中，才能算是成功的设计。

## 三、整体性和集中性相协调原则

化学课堂教学设计应注意的整体性，表明化学教师应把握化学知识结构体系，认真分析每节课中的知识在整个知识体系中的地位和作用，找出这一课内容的铺垫知识是什么、新旧知识的连接点是什么、后续知识是什么，尽量使知识结构整体呈现。化学课堂教学设计应注意的集中性则表明课堂教学的时限性和教学信息的多维性，要求教学内容要集中。教师在钻研教材的基础上，要把握教学内容中重点的、主要的、本质的东西，把有限的教学时间集中在最核心的教学任务上。这就要求化学教师在设计化学课堂教学时，既要照顾到知识传授和能力培养在空间上的整体性，又要照顾到它们在时间上的集中性，协调好整体性和集中性之间的关系。

## 四、理论性和实践性相依存原则

化学课堂教学设计要以先进的、科学的和可靠的教育心理理论、传播科学理论为基础，制订出切实可行的操作步骤和实践方案。没有先进的、科学的和可靠的教育心理理论和传播科学理论来规范化学课堂教学实践，很难达到提高化学课堂教学质量的目的。同时，没有化学课堂教学实践，一切与之相关的理论都只能是纸上谈兵和"空中楼阁"。可见，化学课堂教学设计的理论性和实践性是相互依存的，在实施过程中，应该做到在理论性和实践性两方面同时兼顾。

## 五、主体性和主导性相一致原则

化学课堂教学设计应始终坚持以学生为主体、以教师为主导的思想，要体现出教师对学生思想的启发性。教师要以学生为学习的主体，始终把启发思想贯穿于教学设计的整个过程，要求学生独立思考，提高学生分析问题和解决问题的能力，表现在学法设计上，则要体现出教师对学生学习的指导性。教师不仅要把学生当作教育对象，还要将其当作研究对象，研究学生的学习规律，指导学生掌握化学课堂教学所传递的信息的方法，掌握预习、听课、笔记、作业、总结学习过程等方法，以及掌握自我心理调节方法等。

## 六、传统教学手段和现代教学手段相结合原则

传统化学课堂教学手段与现代化学课堂教学手段相结合是指两种手段的优化组合。如利用黑板这一传统教学手段精心设计的板书，其本身就是课堂教学的纲要和轮廓，它能突出教材的重点、难点和关键，帮助学生理清教材的脉络，打开学生的思路，而且便于学生记笔记，为学生课后复习提供条件；采用投影这一现代教学手段做教学演示，在揭示和阐明教学中的重点和难点方面，为教师和学生提供了更加充裕的时间，便于教师讲解、学生观察和分析思考；录像这一现代教学手段，则以其声形并茂的特点，将所讲的对象，在大与小、快与慢、虚与实之间互相转化，使教学内容涉及的事物、现象、过程全部再现于课堂；多媒体教学手段的应用，其突出优点

则更是不言而喻。总之，传统教学手段与现代教学手段结合在一起后，能发挥出更好的教学效果。

## 七、适时、适度评价和反馈原则

化学课堂教学所设计的评价要做到适时是指要把握好评价的时机。比如，诊断性评价一般安排在课堂教学前进行，借助上节课形成性评价和终结性评价的结果，使教学设计方案更加趋于合理和恰当；形成性评价一般在课堂教学中进行；终结性评价一般在课堂教学后进行。化学课堂教学设计的评价要做到适度是指要把握好评价的分寸。因为学生之间的个性差异是客观存在的，他们的知识基础、认识能力、意识倾向、兴趣爱好、学习态度都不尽相同，所以教师应根据学生不同的情况确定不同层次的评价标准，对涉及教学目标的各个领域和层次进行评价。这可以由教师、学生共同来实施，通过目标测试题、作业练习、谈话或者提问来考察。当然，对要达到的课堂教学目的和要求应该指向明确，对识记、理解、运用、分析、归纳、综合等行为要求要有具体的检测内容和明确的评定标准和依据，具备可测性。同时，要将评价结果适时、适度地反馈给学生，当学生在学习上取得新的成绩时应给予肯定的评价，让学生体验成功的欢乐；对学生学习上受到的挫折，应给予积极的鼓励，对他们非智力因素方面的优点进行评价，鼓励他们学习的信心。

# 第四节　化学课堂教学设计的内容

化学课堂教学设计的内容主要包括：课堂教学目标设计（教学对象分析、教学内容分析、教学目标制订）、课堂教学过程设计（教学结构、教学策略、教学媒体、教学活动的运用）、课堂教学评价设计（诊断性评价、形成性评价和终结性评价的进行）。这"教学三部曲"既体现出"教什么、学什么""如何教、如何学""教得怎样、学得如何"，也表现出化学课堂教学设计在化学理论知识传授与实际技能培养上的兼顾。化学课堂教学设计重点是能使学生在经过系统、科学设计的课堂教学过程中，有效地获取化学知识，尽快地形成化学技能，以取得化学课堂教学效果的最优化。

## 一、化学课堂教学目标设计

化学课堂教学目标是指课堂教学活动为学生预先确定的、在具体教学活动中所要达到的课堂教学结果。化学课堂教学目标主要是指化学单元目标和课时目标，而这些教学目标要求以学生通过教学后应该表现出来的可见行为来描述。因此，化学课堂教学目标也称化学课堂教学行为目标。化学课堂教学目标，是整个化学课堂教学活动的指导思想、出发点和归宿，也是检查和评价课堂教学效果的依据。化学课堂教学效果的优劣，是通过化学教学结果与化学教学目标的比较来进行鉴别的。化学课堂教学目标与教学目的的区别在于：教学目标不仅是教学过程结束时所要达到的结果，或教学活动预期达到的结果，而且具有学生行为上的可见性和可测性；教学目标比教学目的更具体、更实际。

### （一）化学教学目标的功能

#### 1. 指向功能

化学教学目标是化学教学活动的预期结果，它指引着化学教学活动的方向，规定着化学教学活动的进程，在一定意义上制约着化学教学设计的方向。如果缺乏清晰的教学目标，化学教学将会失去方向。化学教学目标定向功能的发挥，可以保证化学教学目标的顺利实现。一般说来，若化学教学目标指向正确，则可取得正向教学效果；若化学教学目标指向错误，则只能取得负向教学效果。因此，教师应该把确定正确、合理的教学目标作为教学设计的首要环节。

#### 2. 依据功能

化学教学目标可以为分析化学教材及设计学生行为提供依据。化学教师一方面根据教育和教学的一般目的确定化学学科中各单元和各课时的教学目标，另一方面根据这些教学目标设计化学教学活动。化学教学目标不仅制约着化学教学设计的方针，而且决定着化学教学的具体步骤、方法和组织形式。因此，它不仅是化学教学活动的科学性、整体性和连贯性的重要依据，也是化学教师对化学教学活动全过程进行自觉控制的重要依据。

### 3. 激励功能

适当展示的化学教学目标，可以激励学生学习化学的积极性。化学教学目标是激发学生学习化学动机的诱因。在化学教学开始前，就向学生明确地展示具体的化学教学目标，能激发学生对学习新内容的期待和达到学习目标的欲望，从而调动学生学习化学的积极性和主动性。当学生充分了解他们预期所要取得的学习成果时，他们就会明确成就的性质，进行目标清晰的成就活动，对自己的行为结果做成就归因，并最终取得认知、自我提高或获得赞许的喜悦，使教学目标产生应有的激励功能。但教学目标激励功能的发挥，也取决于其价值是否被学生认同，以及其难易程度是否适中。因此，化学教师编制和展示化学教学目标时要尽量注意二者兼顾，以保证化学教学目标发挥出激励学生学习的最大功能。

### 4. 描述功能

化学教学目标通过描述学生具体的行为表现，为化学教学评价提供科学的参照。传统的化学教学大纲所提出的化学教学目标往往含糊其词，使化学教师无法准确地把握客观、具体的评价标准；做出评价选择的随意性很大，教学中关于能力和个性特征等高层次的目标既无法落实，更无法评价。因此，在化学学科各单元和各课时的教学中，要充分发挥化学教学目标的描述功能，全面、具体和形象地描述学生的行为表现，以保障化学教学有章可循，测评有信度、效度，试题有难度和区分度，使化学教学评价有科学的参照。

### 5. 评价功能

化学教师编制的化学教学目标，既是化学教学活动的指南，也是测评化学教学效果的尺度。化学教学效果的检测和评价，是围绕化学教学目标展开的。教学双方在化学教学中是否发挥了应有的作用，教学效果是否达到或在何种程度上达到了既定目标，都是化学教学评价所关注的主要内容。当然，化学教学目标只有确定得比较合理，才能减少其评价的偏差，使测评的信度、效度和区分度都较高。化学教学目标评价功能的发挥，一方面为化学教学效果的检测和评价提供了尺度，另一方面为化学教学目标的编制和修订做出了反馈。在化学教学过程中，化学教师应根据教学评价的结果不断地调整教学的方式、方法，充分发挥评价和反馈的作用，从而提高化学教学质量。

## （二）化学课堂教学目标设计的要求

化学课堂教学目标设计是保证化学教学活动取得成功的必不可少的环节，因此在进行化学课堂教学目标设计时，要使所制订的教学目标明确而又切实可行，应该注意以下几点。

### 1. 用可观察的具体行为表述教学目标

化学课堂教学设计中的教学目标要做到明确、详细，就应该采用可观察的具体行为来表述。一般认为好的化学课堂教学目标要包括三个方面的内容：有确定的、可以作为成绩证据的行为表述；有确定行为的必要条件的表述；有确定行为合格的标准表述。

### 2. 使教学目标具有一定的层次和分类

按照现代教育理论的观点，教学目标应有认知、动作技能和情感三个大的分类。认知领域的教学目标应有感知、理解和掌握三个大的层次。我国的课程目标包括"知识与技能""过程与方法""情感态度与价值观"三个方面。同时，教学目标应具有远期的学习目标，否则，学习就会缺乏统一的指导、努力的方向和持久的动力。但只有远期目标还不够，还必须有力所能及的中期目标，不然，学生就会感到那些远期目标过于空泛、渺茫，就会失去努力学习的热情。此外，教学目标还应具有可操作性的近期目标，因为没有近期目标，远期目标、中期目标就会失去依托而成为"空中楼阁"。

### 3. 充分考虑教学目标实现的可能性

学习目标能否发挥应有的作用，还要看目标的难易度是否适当。当学习目标定得过高、过难时，学生就会感到可望而不可即，或力不从心，导致望而却步、退缩不前；一个过低、过易的学习目标又会使学生感到"没劲"，缺乏刺激性、挑战性，从而视若无睹，不能引起强烈的学习动机和兴趣。只有学习目标的高低、难易适度，才能对学生起到激励和导向作用。

### 4. 把教学目标的设计和教学评价联系起来

教学目标确立后并不意味着就固定不变了，可根据教学评价的实际情况灵活调整。学习活动是一个动态过程，在学习过程中，当学生感到难易度适当、掌握情况较好、取得成功时，会产生愉悦的情绪体验和较高的自我效能感，对自己的学习能力充满信心，能够精神饱满、积极主动地克服各种困难，圆满地实现既定目标。这证明制订的目标是科学的，应该坚持下去。而当学习受挫时，学生就会感到困惑、焦虑，自我效能感降低，学习无力感增强，从而以消极、被动的方式对待学习。这表明现有的学习目标是不适当的，应及时修正或调整。

## （三）化学课堂教学目标设计的步骤

化学课堂教学目标设计应该考虑到顺序性和整体性，大致遵循以下设计步骤。

### 1. 钻研课程标准，分析教材内容

化学课程标准是以纲要形式编定的有关化学教学内容及进程的指导性文件，它规定化学教学目的、教学任务、教学内容的知识范围、教学时间分配以及教学方法上的要求；化学教材是化学课程标准的具体贯彻和体现，是教师进行教学的根据。化学课堂教学目标的设计必须立足于对标准的认真钻研，分析教材要求，在课程标准的指导下，深刻领会教材内容的科学性、系统性、思想性和化学思维方式，做到从整体上把握化学课程的基本结构，理清化学知识体系；对于课堂教学内容必须彻底理解和消化，如对教材中出现的用语、符号以及插图、实验、习题等都必须认真研究和推敲；通过重点分析、研究和处理将要采用的教学内容，找出其中的基本概念、基本原理和基本方法，制订出教学的重点和难点，为建立化学课堂教学目标打下良好的基础。

### 2. 了解学生已有的学习状态

化学课堂教学是以学生为主体的过程，而掌握化学知识的过程是学生主体的智力活动过程。学生认知水平的提高不仅要借助于他们已有的化学知识体系，而且要借助于他们正确的思维方式、方法。教学目标的制订要以学生的特点和已有的学习准备为基础，教给学生不懂或还不够懂的东西。学生已经具备的学习基础，是教学目标确定必须考虑的前提条件。只有充分了解学生的知识水平、能力大小、智力高低、思维特点、学习态度、学习方法和兴趣爱好等，才能根据学生的实际情况进行分析，通过掌握的教学深度、广度和难度，灵活地组织教材，选择恰当的教学方法，充分调动起学生的学习积极性。当然，化学课堂教学目标不仅应该建立在学生已有的学习准备的基础上，而且应该建立在经过适当的努力能够达到的目标基础上。对群体

教学而言，学生普遍具有的学习准备和一些共同心理特征是在确定化学教学目标时应考虑的主要方面。同时，化学课堂教学目标设计应充分考虑到学生的个别差异，制订相应的发展目标，使每位学生都得到充分发展。

**3. 分类制订教学目标**

在深刻领会课程标准、教材内容和了解学生实际基础上，为使化学课堂教学目标在实际制订时具有可操作性，还应该对教学目标进行适当的分类。从不同角度和标准出发，我们可以对化学课堂教学目标进行不同的归类，首先要列出各类目标，如培养学生对化学学科的兴趣、提高学生观察化学实验的能力等。综合性目标反映了对教学的一般要求，但往往比较笼统，难以实际执行、直接观察和测评。因此，在列出综合性目标后，还必须对它们进一步分解，使之成为可操作、可评价的具体行为目标，利用能够引起具体行为的术语，列出一系列能够反映具体学习结果的教学目标，解释每个综合性目标。当然，这些具体的行为目标是可以实际执行、直接观察和测评的，它们具体表达了化学课堂教学目标的要求。但要注意这些教学目标的切实可行，不能降低课程标准规定的要求。实施目标分类的主要目的是提高目标在教学中的清晰度和可操作性，有利于教师更好地依据目标指导教学和评价教学。布卢姆及其同事们对教学目标的分类所做的系统研究，在国内外教学目标分类领域影响较大，具有一定的合理性，所以在确定教学目标时可做参考。

# 二、化学教学活动设计

## （一）化学教学活动设计的要求

化学教学活动是化学教师传授化学知识与学生接受化学知识两方面活动的总称。它包括教师的施教活动、学生的学习活动和师生构建课堂人际关系的活动等。化学教学活动是教师进行教学的科学和艺术创造的具体过程，是学生知识结构和心理结构的构建过程，是化学教学设计的关键环节，关系着化学教学目标能否实现、教学任务能否完成，以及两者实现和完成的程度、质量和效率。

化学教学活动设计是依据化学教学目标及化学教材内容构建新的化学知识和心理结构，使学生原有的知识和心理状态向化学教学目标所要求的状态发生改变的规划过程。在进行化学教学活动设计时，应注意以下几点。

### 1. 协调师生活动

注意学习活动的设计，以及"教"与"学"的协调。教师应该在深入了解学生的基础上做心理角色置换，设身处地地为学生着想，审视教学活动设计并做出相应的调整。教师是化学教学活动中"教"的主体，而学生是化学教学活动中"学"的主体。教学活动设计中不主动安排协调师生的活动，会使教学活动变成单方面的施教活动，导致施教活动与学习活动不能系统开展而影响教学效果。因此，应在进行化学教学活动设计时，充分认识和体现学生在学习中的主体性，正视发挥教学双方的主动性、积极性和重要性。"教"的主动性应该体现在主动地认识和探讨学生学习的规律性，深入了解学生状况，努力引导学生主动积极地学习。"学"的主动性应体现在既不是被动地参与，也不是无理由地盲目接受，而是在接受指导和掌握学习规律的过程中，逐步进行自我调控学习活动能力的培养。

### 2. 科学性和艺术性的统一

化学教学活动的科学性主要表现在自觉地运用教学规律做指导，遵循化学的科学规律和化学教学的原则。教学活动的艺术性主要表现在教学活动的和谐性、巧妙性和新颖性，能通过有限的活动及其内容完成多项教学任务，达到多项教学目标，能激起学生积极的情感共鸣，产生美的感受、得到美的满足。所设计的化学教学活动既要以科学性为前提，以化学教学规律为基础，又要按照美的规律设计教学活动，积极地进行教学艺术创作，使化学教学活动生动活泼、富于审美情趣，又不失其严密的逻辑性和系统性。

### 3. 建立工作规范

根据化学教学活动的具体规律，建立相应的工作规范。例如，在设计教学的讲授活动时，要考虑学生此时是以听为主，还是以思考为主，或以笔记为主；如何使学生听得清楚、有兴趣、愿意听，能保持注意、不易疲劳；如何引导学生的思维活动，使他们顺利地理解教学内容及其结构和掌握重点；如何使学生产生预期的情感，达到情感教育目的；如何用板书、表情、手势和其他辅助行为配合，增强讲授的效果；如何有利于学生记笔记，指导他们协调各种思维活动；如何根据学生可能的信息反馈进行机动的应变调整，以及如何引导学生进行探究活动等。根据这些教学具体活动上的考虑，建立一系列的设计工作规范，以使整个化学教学活动设计规范化。

### 4. 注意活动的适度多样性

化学教学活动是多类型、多层次活动的组合，为了完成特定的化学教学任务，可以采取多种不同的活动方式。教学活动的多样化使学生不但能始终保持兴趣和热情，而且能提高学习的效率，陶冶情操，促进智力和心理能力协调发展。但是，教学活动种类过于复杂、更换过于频繁，也会增加学生的学习困难，使他们过早地感到疲劳，分散注意力而影响到学习效率。教师在设计化学教学活动时，要从教学内容的实际需要、学生的心理特点和智力的发展水平出发，处理好教学活动的多样性和适度性的关系。

### 5. 突出化学学科特点

作为化学学科的教学活动，化学教学活动应该突出化学学科特点，把握化学学科中固有的认识规律和教学规律。化学教师要真实、具体、细致地了解化学认识过程、化学知识体系和化学科学规律，包括注意化学语言和化学科学方法的应用，注意化学思维活动、化学实验活动的开展以及它们的相互配合，使所设计的化学教学活动始终具有化学学科的鲜明特点，为化学教学的各种既定目标服务。

### 6. 注重工作的实际效果

化学教学活动设计是对在教学过程中将要进行的具体活动的预先构想，比教学策略更具体。化学教学活动设计要特别注意从实际出发，讲求实效。从教学经验的积累和概括化过程中提取出来的优秀范例，与教学实际紧密结合，是教师进行化学教学设计的重要参考。同时，化学教学活动总是需要一定的外部条件的，总是在一定的环境中进行的，因此要注意这些条件与环境的协调，在涉及化学教学活动时要充分利用环境中的积极因素和有利条件来设计化学教学，使所做工作产生实际的效果。

## （二）化学教学活动设计的步骤

### 1. 明确化学教学活动的要素

与一般活动的要素一致，化学教学活动同样具有自己的主体、客体和媒体，自己的内容、形式和结构，以及自己的目的、过程和结果。化学教师在进行化学教学活动设计时，首先就要明确化学教学活动的各个要素。

化学教学活动中存在着复杂的主客体关系。从教师的教学来看，教师是教育者，作用于受教育者，教师是主体；从学生的学习来看，学生通过教师、教材来认识世界，因而学生是主体，教师是客体。因此，教学活动中的主客体关系，首先是双主体并存，且互为客体。教师这个主体的特征是"主导"作用，而要起到"主导"作用，必然要对主导的对象——学生（此时是客体）有一个全面、深刻的了解；学生这个主体的特征是"主动"作用，主动便是充分发挥自身的积极性，参与教学活动，其"主动"作用在很大程度上是教师"导"出来的（此时教师充当学生这个主体认识的客观对象）。除此之外，双主体有着共同的认识客体，即教学环境中的一些因素，包括物理环境、教材内容、辅助材料和教学工具等因素。

化学教学活动的主要内容为：化学教学活动的情景设置；对学生进行学习活动的导向；学生学习化学兴趣的形成与激发；化学课程的进程展开；化学教学材料的呈现，学生感知、理解和记忆等思维活动的进行与引导；学生情感体验和行为习惯的形成；学生学习内容的整合和巩固；练习、测评和反馈等。化学教学活动一般表现为教师的讲授、提问、演示等配合学生的听讲、答问、观察等，学生的思考、练习、讨论等配合教师的质疑、讲评、答疑等。化学教学活动的组织形式为课堂教学，辅以课外活动、个别辅导、家庭作业等。化学教学活动的目的是向学生传授现代化学知识，培养学生化学思维和化学能力，构建学生的化学知识结构和心理结构，陶冶学生美好的情操和形成正确的行为习惯等。化学教学活动的过程应该体现出教学双方的主动性、积极性和互动性，体现出教学的程序性和多样性，其结果是要达到化学教学目标所要求的各项指标。

### 2. 优选化学教学方法

化学教学活动内容是进行化学能力训练的素材和载体。组织化学教学活动的内容是指围绕化学课堂教学目标考虑化学教学内容的各项安排，优选教学方法和教学媒体，进行教学过程的编制等。通常编写的化学教材内容已经具有严密的逻辑性和系统性，可以按照教材的编制顺序进行教学组织工作，也可以根据实际情况，打乱教材的原有顺序，重新安排教学内容。组织化学教材时要注意逻辑系统并且要求突出重点；注意启发学生的积极性和培养学生的逻辑思维；注意联系学生已有知识；注意突破难点。优选化学教学方法时，应该仔细比较已有方法的优劣，优先采用那些理论与实际结合紧密的方法，注意教学媒体采用上的适时适度原则，做到既发挥教学媒体在课堂教学中的高效率，又避免对教学媒体的过度依赖和学生被动心理的形成。

### 3. 编排化学教学活动顺序

编排化学教学活动顺序是化学教学活动设计的重点，其主要任务在于确定化学教学活动中工作的进程，首先要确定化学教学活动的工作步骤，其次要确定各个步骤中的工作内容与方式方法，最后要确定各个工作步骤的时间顺序。化学教学活动顺序的制定应该是依据化学教学目标及化学教材，进一步确定教学活动中教学双方工作进程的时态系列，从而引导师生双方在不同的教学时间内去完成既定的教学任务。化学教学活动顺序的编排在于规范化学教学活动中学生心理结构的构建过程，因而化学教学活动的步骤、内容、方式、方法及时序均要遵循所要构建的学生心理结构的本性及其形成、发展的学习规律。知识、技能与社会规范的接受，虽有共同的规律，但也有自身的特殊性。因此，应该结合化学学科的特点编排化学教学活动的顺序，区别对待以知识、技能和社会规范为主的课题内容，按照各自的教学规律进行优化教学。我国教师在长期教学工作中总结出来的许多行之有效的教学经验和原则，可以在教学活动顺序的编排中加以灵活运用。

## 三、化学教学策略设计

### （一）化学教学策略

#### 1. 化学教学策略的定义

化学教学策略是化学教学设计的有机组成部分，是在特定化学教学情境中为完成化学教学目标和适应学生学习的需要而做出的教学谋划和采取的教学措施。它包括三层意思：化学教学策略从属于化学教学设计，确定和选择化学教学策略是化学教学设计的任务之一；化学教学策略的制订以特定的教学目标和教学对象为依据；化学教学策略既有观念驱动功能，又有实践操作功能。

#### 2. 化学教学策略的层次

化学教学策略因其不同的概括程度可以被纳入不同的层次。高层次的化学教学策略是对低层次化学教学策略的概括，活动范围较大。低层次化学教学策略是高层次化学教学策略的具体化，它体现和蕴含着高层次策略，活动范围较小。

高层次化学教学策略与化学教学思想直接相关，它体现着教师对化学教学方针、教学目标以及教学理论和方法体系的认识，表现为比较概括和稳定的教学原则和活动规则。因此，可以把教学思想及其原则体系看作是最高层次的教学策略。

中层次的化学教学策略是从化学教学实践中提炼、升华所形成的教学方式，是一系列规范、概括的化学活动规则的集合，符合化学教学模式的一般特点。此时，可以把化学教学模式解释为教学策略，认为化学教学模式是为完成特定的教学目标而设计的、具有规定性的教学策略。中层次的化学教学策略是对具体教学实践的概括，但其概括程度低于化学教学思想。

低层次化学教学策略是具体的教学策略，又称为教学思路，其通用性较差，操作性、技巧性较强。在化学教学策略设计中，低层次的化学教学策略是在化学教学思想指导下，根据具体的化学教学目标、教学任务、学习起点和其他教学条件，运用化学教学模式进行教学策略设计的结果。

## （二）化学教学策略的设计

### 1. 制约化学教学策略设计的因素

化学教学策略包括对化学教学内容、教学过程的安排，化学教学方法、活动形式的选择等，故进行化学教学策略设计时，就要受到这些因素的相应制约。同时，教师的教学技能、技巧及教学经验，学生已有的知识准备和认知水平，都制约着化学教学策略的设计。这些因素的组合方式的复杂多变性，造成化学教学策略设计任务的艰巨性。

### 2. 有效的化学教学策略设计

有效的化学教学策略既能完成化学教学目标，又能保持和增强学生的学习积极性。制约化学教学策略设计的因素既来自化学教学本身，也来自教师和学生，故有效的化学教学策略的设计主要依据教师对化学教学目标的正确掌握，对学生情况的充分了解和对教学理论、方法、技能和技巧的熟练运用。

### 3. 化学教学策略的设计要求

化学教学策略的设计要求具有以下特点。

（1）对化学教学的指向性

所设计的化学教学策略应该组织一定的教学行为，指向特定的化学教学目标和教学活动。在化学教学过程中，首先要确定教学目标，然后才选择适合的教学策略，通过一定的教学方法进行教学活动，以便最终达到教学目标。化学教学策略与化学教学方法联系紧密，它规定和支配着教学方法的选择，使教学方法更适合达到教学目标。

（2）结构功能的整合性

所设计的化学教学策略应该具有结构功能上的整合性。在选择和制订化学教学策略时，要体现教学策略构成的组合特征，要求教师针对具体的教学需求和条件，对影响教学策略构成的教学内容、方法、步骤、媒体和组织形式等要素加以综合考虑，组成适合教学目的、要求的最佳教学行为。同时，发挥化学教学策略作用时，强调有效教学策略应该由具体教学方式、措施优化组合、合理组建，使多种化学教学策略能够协调作用，发挥出整体优势。

（3）教学策略的可操作性

所设计的化学教学策略应该是可操作的。化学教学策略既不同于抽象的化学教学原则，也不同于在某种教学思想指导下构筑起来的化学教学模式，而是供教师在教学中参照执行或操作的教学谋划或措施。它有着较明确、具体的内容，是教学活动具体化、行为化的基本依据，不同于只发挥指导和规范作用的化学教学原则和教学模式。因此，虽然化学教学策略对某种具体教学行为具有指导性，但它的可操作性应该是其本质特征之一。

（4）对问题解决的启发性

所设计的化学教学策略应该能启发问题解决。化学教学策略往往是与化学问题解决相联系的，即化学教学策略带有问题解决的经验性倾向。这是操作者在问题解决过程中一系列行为活动所遗留下来的痕迹。操作者处于新的问题解决过程中时，会受到这种经验性倾向的影响。因此，在设计化学教学策略时，教师应主动利用这一影响，去组织解决教学问题的最佳策略、途径和方式，从而有效地完成设计工作。

（5）教学策略的灵活性

所设计的化学教学策略应该具有灵活性。在选择和制订化学教学策略时，应该根据不同的教学目标、内容和任务的要求，参照不同学生的初始状态，将最适合的教学方法、教学媒体和教学组织形式组合起来，保证教学活动能达到既定的化学教学目标。同时，已经制订好的化学教学策略在运用时，应能够随着教学情境（目标、内容、对象）的变化做出相应的改变。只有依据化学教学的实际状况能灵活变化的教学策略，才能始终在化学教学中发挥出最佳的作用。

**4. 化学教学策略的设计要点**

化学教学策略的设计是一件较为复杂的系统工作，原因在于影响化学教学策略形成的因素不仅错综复杂，而且不易把握。以下是一些化学教学策略的设计要点，可以为一般化学教学策略设计提供参考。

（1）教学准备策略的设计

教学准备是指教师依据教学目标，钻研教材、组织教材、选择教法以及了解学生，制订教学计划的过程。化学教学准备策略的设计就是回答采用何种活动方式或行为措施，可以准确、高效地完成化学教学的准备工作的问题。对化学教学准备策略的设计，包括对制订化学教学目标的策略，确定化学教学内容的策略，分析学生知识背景的策略，编制化学教学计划的策略等的设计。

（2）教学实施策略的设计

教学实施是教学意图得以贯彻、教学目标得以达到的过程。化学教学实施的策略设计要求教师在化学教学过程中，懂得把教学内容同学生的认知结构联系起来并帮助他们组织所学习的材料；懂得从学生的实际出发，采用大量的具体例子，以归纳方式使学生形成概念；懂得以学生认知结构为依据，用定义的形式解释概念，最终使学生理解、掌握概念，以及通过有目的、有意义的学习，使学生积极地获得概念等一系列开展有效化学教学的方法。

（3）因材施教策略的设计

因材施教是指教学要适应学生的身心特点。化学教学的因材施教策略的设计要求教师针对学生的年龄差异、能力差异、认知方式的不同，分别采取相应的教学策略。

（4）教学监控策略的设计

教学监控是指在教学活动中为保证达到教学目标而对教学过程进行的检测、评价、反馈和调控。化学教学的监控策略设计要求教师在四个方面考虑教学监控策略的确定，它们分别是主体自控策略、课堂互动策略、教学反馈策略和现场指导策略。主体自控策略是指教师依据教学目的和教学主体的状况，积极促使教学主体进行自我控制的方式、方法，包括主体（"教"与"学"双主体）的动机水平的提高，主体自我意识的增强，学生主体元认知监控水平的提高等策略设计。课堂互动策略是指教师有意识地建立规范的、和谐的、多向的交往与合作的课堂互动环境。教学反馈策略是指运用多种反馈渠道，将教学的情况反馈给教师或学生，以便及时地修正教学。现场指导策略是指根据不同的教学情境、学生学习状态，选择最佳教学方法，达到最佳教学效果。

## 四、化学教学实验设计

化学是一门以实验为基础的自然科学。中学化学教学实验具有帮助学生形成化学概念，理解和巩固化学知识，培养学生的观察能力、思维能力和动手能力，启发学生联系科学、生活、社会实际进行创新，培养学生科学精神、良好的心理素质等诸多功能。因此，化学实验在中学化学教学中具有不可取代的地位。实验教学是以实验为主要内容的教学活动，其主要任务有两个方面：一是通过实验教学，直观地让学生观察和认识众多的自然现象及其内在的规律，使学生对某一领域的知识从感性认识上升至理性认识，验证或再发现某些已知的理论知识，从而巩固已学到的理论知识，培养学生的创造性思维方式及能力；二是通过实验教学，使学生学会在认识和研究自然科学领域中所遇到问题的一般或特殊的实验方法，熟练掌握实验中常规及某些特殊的实验技能，提高学生的实验动手能力。化学教学实验设计的要求主要有以下几点。

### （一）实验目的明确、有针对性

化学教学实验的内容、范围和难度等，由化学教学目标所规定。化学教学实验的设计依据的是化学教学目标，为完成化学教学目标而设置各种化学教学实验，要针对化学教学目标规定的知识、技能要求，抓住教学的重点和难点设计化学实验教学，以丰富学生的感性认识，更好地理解和掌握化学概念、原理和规律。对于通过实验要求学生掌握哪些基础知识，培养哪些技能技巧、哪些方面的能力，明确解决哪些主要问题，突出观察哪些实验现象，重点示范哪些基本操作，应概括得出哪些结论以及如何启迪学生思维等，教师在设计教学实验时要十分清楚，做到心中有数。同时，化学教学实验的设计还应考虑到教学目标对能力培养和科学方法训练的要求，体现出化学实验的教育功能。

## （二）实验现象鲜明、形象直观

现象鲜明、形象直观的化学教学实验，能更有效地引起学生的注意，使他们积极地投入当前实验现象的观察和感知中，从而在头脑中形成深刻印象，为思维加工过程积累丰富的感性材料。教师在设计化学教学实验时，要尽可能地选择那些现象鲜明、形象直观的实验，以保证实验所达到的效果。所设计的演示实验和边讲边实验，应使全体学生都能看清实验的物质、装置、操作和反应现象；要求教师考虑选择合适的仪器和药品，实验装置安放的位置和高度以及仪器的大小；实验装置力求简单、整齐、美观，重点部位要突出，不需要使用的仪器等要及时移开，避免分散学生的注意力，影响实验效果；操作要正确，速度要适当；实验现象要鲜明突出，当然，也不要过度地追求实验现象的新颖和离奇，使学生不得要领、分散注意力，适得其反。

## （三）实验过程、结论具有启发性

所设计的化学教学实验，应该在实验过程中或所得结论中具有一定的启发性，有助于学生对化学教学内容的理解和掌握。教师要善于运用教学艺术，使讲授、演示和板书有机地结合起来，启发学生积极思考，有效地培养学生的思维能力。不论采用哪种形式进行实验教学，教师都不要急于把结论告诉学生，而要善于引导，使学生明确实验的目的和观察要求，认真进行实验和观察；实验时要引导学生对实验装置、操作步骤和观测获得的现象进行积极思考，对现象和测到的数据进行分析，通过抽象、概括、分析、归纳，认识和揭示出事物的本质和变化的规律，以形成化学概念，掌握化学理论。化学教学实验可以使整个化学教学过程充满积极的思维活动，有利于发展学生的理解能力、分析能力和推理能力。

## （四）实验内容简洁、安全、可靠

化学教学实验在内容上的不同，会导致实验过程的千差万别。教师设计化学教学实验时，要精心选择内容简洁、操作安全、结论可靠的实验，以便教学所要求的实验效果能够在有限的时间内被安全、可靠地得到。教师要认真钻研实验教材，反复做好预备实验，掌握实验关键和数据，避免出现科学性错误；在保证教学实验科学性、针对性的前提下，要尽可能使实验过程简洁明了、实验操作安全可靠。危险而不可靠的实验不仅危害学生的身心健康，而且容易造成学生对化学实验现象的误解。

# 五、化学教学媒体设计

## （一）化学教学媒体

### 1. 化学教学媒体的含义

媒体也称媒介。美国教育心理学家加涅认为，"在教学背景中所用的'媒介'这个术语，意味着用来向学生提供交流或教学刺激的事物组合或事物系统"。媒体本身是各种事物的组合和事物系统。我们认为教学媒体是"任何用来传递知识的通信手段"。

化学教学媒体是化学教学过程中用于负载化学教育信息，以便实现经验传递、知识传播和技能培养的物质手段或工具。化学教学媒体是化学教学的基本要素之一。化学教学活动离不开一定的媒体的支持。

### 2. 化学教学媒体的特点

依据化学教学媒体的定义，我们可以得出化学教学媒体具有以下两个特点。第一，化学教学媒体作为传递经验的物质手段，具有一定的物质形式。在化学教学过程中用以传递信息的媒体可以是多种多样的，它既可以是一种简单的声波或光波，也可以是一种极为复杂的仪器设施。但作为化学教学媒体，必须是能作用于人，使学生能对其作用产生能动反应的事物，是具有一定物质形式的客体。第二，化学教学媒体区别于信息媒体而存在。化学教学媒体与信息媒体都是传播过程中，传方与受方之间的联系物，都是信息的载体。但是，化学教学媒体与信息媒体之间又存在非常重要的区别，即信息可以通过单向性的媒体进行传播，而教学必定需要传播者和接受者之间的双向性的传播。

### 3. 化学教学媒体的分类

关于化学教学媒体的种类很多，下面仅介绍两种分类。

（1）按照我国教育心理学家邵瑞珍教授的观点，依据教学媒体作用的感觉通道，可以把化学教学媒体分为四类：①非投影视觉辅助，包括黑板、模型、实物等；②投影视觉辅助，包括幻灯机、投影仪及其辅助设备；③听觉辅助，如录音机、放音机、收音机等；④视听辅助，包括电影、电视和录像等。

（2）依据巴甫洛夫两种信号系统学说，可以把化学教学媒体分为两类。

①非言语媒体。非言语媒体是直接的刺激物，属于现实的"第一信号系统"，包括实物、实验装置、实验现象、图表以及身体动作和表情动作等。非言语系统媒体所负载的是现实事物、现象的具体经验和具体信息。依据巴甫洛夫两种信号系统学说，这类媒体属于现实的"第一信号系统"，有别于"第二信号系统"。通过这种非言语媒体，可以传递人们对各种具体事物的感性的和具体的经验。从这类媒体所负载的信息量来说，其投入相对较小，因而获取信息的加工相对较简便，要求的条件较少。

②言语媒体。言语媒体以言语负载教学内容，属于"第二信号系统"，包括口头语言以及书籍、讲义、板书等文字材料。言语系统媒体区别于非言语系统媒体而存在，所负载的是现实事物、现象的抽象经验或抽象信息。这类媒体属于现实的"第二信号系统"。由于词语及"第二信号系统"是现实的"第一信号系统"的信号，具有抽象性与概括性，因而这类媒体可以用来传递人们对现实理性的和抽象的经验。言语系统的媒体可以作为非言语系统的媒体的信号，因而其信息的负荷量不受非言语系统媒体的限制，包容性相对较大，获取信息的加工相对繁杂，要求的条件较多。

## （二）化学教学媒体的选择

### 1. 影响化学教学媒体选择的因素

（1）化学教学任务

化学教学任务包括化学教学目标、化学学习内容和化学技能培养等因素。一定的媒体对一定的化学教学活动要达到的预期目标有着显著和独到的作用。例如，当学习目标是让学生掌握一些比较抽象的概念，如物质的结构和分子的结构时，采用物质结构模型较为有效。

（2）学生身心特征

学生的身心特征是化学教学媒体选择中应该考虑的因素，因为学生的年龄、智力特点、认知结构、学习经验和动机兴趣等对化学教学中媒体的选择有一定制约作用。由于学生的年龄、学习兴趣、学习经验等身心特征的不同，媒体的选择也可不同。一般认为，与学生的年龄、兴趣、实际经验等相匹配的媒体可以为教学提供更多的帮助。

（3）教学管理

化学教学媒体选择时要考虑的因素还有化学教学管理，包括教学规模、教师能力、教学安排等。从教学环境和教学效果两方面考虑，大班级教学、小组教学和个别教学所使用的教学媒体是不同的。选择化学教学媒体往往受到教师素质和教学安排等因素的影响，这是因为现代视听教学媒体所展示的材料不仅形象，而且生动，对激发学生的学习动机、调动其学习积极性有独到的功效。但若在教学中对所用媒体管理不善，则会适得其反，起不到教学应有的效果。因此，选择使用教学媒体需要有周密安排的课堂教学，要求教师有及时获取、处理反馈信息，控制教学进程的能力。

（4）经济因素

能否选出一种适宜可行的化学教学媒体，还受到经济因素、媒体自身特点及其使用等一些实践性因素的制约。化学教学媒体的选择应该考虑经济因素，有学者认为，如果用较便宜的教学媒体，上课的效果与使用价格高的教学媒体一样好，千万不要用价格高的媒体；同时，也要考虑一些有关媒体自身和使用上的因素，如媒体资源、媒体功能、操作情况、媒体组合性、媒体灵活性、媒体质量和使用环境等。

**2. 化学教学媒体选择的程序**

化学教学媒体的选择受许多因素的制约，可以有多种不同选择，但一般来讲可分为以下几步。

第一步，了解化学教学目标、教师和学生的特点，包括：化学教学目标和每一项教学目标所属的学习类型（如智力技能、言语信息、认知策略、运动技能或态度）；教师的教学水平，包括备课、讲课水平，课堂调控水平，测验讲评水平等；学生的学习能力，包括阅读能力、观察能力和理解能力等。

第二步，确定最合适的化学教学组织形式和经验习得方式，包括：确定最适合化学学习目标和学生特点的化学教学组织形式（集体授课、个别化教学及小组内的师生相互作用）；确定最适合学习目标和上述某种教学组织形式的经验习得方式；罗列出当习得经验经非印刷媒体传递时化学教学媒体应该具有的特点。

第三步，根据以上步骤的工作，转入某一合适的流程选择图。这种流程图类似于计算机编程所采用的流程图：用一些框图、箭头、线段和逻辑选择，将问题的提出、解决的途径和结果都尽可能全面和清晰地展示出来。通过流程图，我们的选择通常被导向一种或一组适合的媒体。例如，选择被导向一处"静止画面"媒体，则框内可有照片、幻灯片和投影片等媒体，下一步再对这三种媒体做最后的确定。

第四步，这一步将重点考虑化学教学媒体的使用和经济等因素，这可用"两维表"来完成。仍以上面的静画媒体为例，我们设计成这样的两维表：一维为选出的三种媒体——照片、幻灯片和投影片；另一维为必须要考虑的因素，将三种媒体与任一因素做比较，得出不同级别的选择，从中可得出最需要的教学媒体，再综合经济因素、教师的喜好和市场供货情况等做出最后的选择。

## （三）化学教学媒体的优化组合

通常，在课堂教学过程中，化学教学的各种媒体并不单一地起作用。不同媒体具备不同的特点，各自都有自己的适应性和局限性，故在可能的条件下，化学教学应该尽可能地采用多媒体组合方式进行教学，以使各种媒体能扬长避短地工作。采用多媒体教学时，会存在媒体的优化组合问题。只有把多种化学教学媒体有机地组合起来，发挥各自的功能去传递不同性质的教学内容，才能取得预期的教学效果。

显然，化学教学多媒体的优化组合应用是为了取得化学教学的优化效果，但这种优化组合发挥出应有效果是有前提条件的。研究表明，在不同感觉通道中呈示的信息在信息有联系的情况下，同时给予两种感觉通道的刺激会提高学习效果，但如果信息量给得太多且超过一定冗余度，这时用双通道呈示的信息还不如用单通道呈示的效果好。因此，采用多媒体组合教学时，要注意：不同通道传递的信息要一致或有一定的联系，避免相互干扰；不同通道传递的信息并不是越多越好，单位时间内的传递信息量不要超过学生的接受能力。

## （四）化学教学媒体设计的主要内容

### 1. 化学教学语言的设计

语言是思维的物质外壳，思维的内容主要通过语言表达。同时，语言又是信息传输的最重要的载体。在化学教学中，教师阐明教材内容、传授知识、组织练习、激发学生的学习积极性等一切课堂活动所用的语言就是化学教学语言。化学教学语言由基本教学语言和适合化学学科要求的特殊语言组成。化学教学语言设计应该由以下两部分组成。

（1）基本语言的设计

①采用规范的普通话，不用方言教学；②注意发音和语调的适度，力求吐字清楚、音量适中、语速适宜和语调和谐；③注意语言的可信度和有效性，要使采用的语言贴近学生的年龄、接受程度，避免不真实、不可信的成分，并要富于情趣和传神；④储备一定量的基本思维表达词汇用于教学，选择大量正确、规范和生动的词汇丰富基本教学语言词库。

（2）特殊语言的设计

化学教师在化学教学中所采用的特殊语言是与化学教学的特殊环境紧密相连的。①引入言简意赅的描述短语。化学教学中，一些抽象的概念和复杂的观念，采用简单明了的短语表达，可以将其意义迅速提炼出来。比如，原子核外电子运动状态、排布规律和表示方法都比较复杂，教师可以将它们提炼为"四个方面"（电子层、电子亚层、电子云的空间伸展方向和电子的自旋）、"三条规律"（泡利不相容原理、能量最低原理、洪特规则）、"三种表示"（原子结构示意图、电子排布式、轨道表示式）三句话，使学生对这些知识内容有更加明确和清晰的了解。②采用化学用语。化学用语是表示物质组成、结构和变化规律的一种国际化学文字，是学习化学的一种专用工具，也是进行国际交流的科学而准确的书面语言。它具有简明、直观、确切表达化学知识和化学思维的特点。化学用语能表达化学基本概念、物质及其变化规律和变化中物质量的关系。比如，元素符号既代表某种元素，又代表该元素的一个原子和相对原子质量；化学式既表示某种物质的组成，又代表该物质的式量及组成元素间的质量关系；化学方程式既表示一个真实的化学反应，又表示物质间相互作用的量的关系。因此，化学用语是化学计算的基础，是培养科学思维方式的重要形式。正确采用化学用语，有助于化学教学的有效进行，发展学生的记忆力和抽象思维能力。

### 2. 化学教学板书（板画）的设计

板书（包括板画）是在教学过程中利用黑板、白板、磁性板等教学板，以精练的文字、图解和符号传递教学信息，使学生更好地感知教学内容的行为方式。

板书是一种重要的教学手段，是课堂教学的有机组成部分，以黑板和粉笔为教具，简便易行并且可操作性强。板书可以体现教学意图，帮助教师表达讲课的程序和内容结构；可以促使教师深入钻研教材，提高思维能力和表达能力，弥补口头语言的不足；可以概括教学内容，引导和控制学生思路，使知识系统化、条理化。

### 3. 化学多媒体课件的设计

为满足计算机辅助教学的需要，根据化学教学目标编制，用于化学课程教学的多媒体程序软件称为化学多媒体课件。它是化学教学内容、教学方法和课程设计技巧的有机结合体，通常以磁盘为存储载体。通过多媒体课件的运行，计算机辅助化学教学系统能在一定程度上代替化学教师向学生呈现学习材料和问题，对学生的问题进行评定、诊断、反馈、提示和指导，跟踪、记录学习情况并进行分析，做出教学决策，调整、调控教学过程等。

（1）化学多媒体课件的规划

化学多媒体课件的规划包括拟订化学多媒体课件的编制目的、教学内容、教学目标、教学要求及其结构方式；明确课件的适用对象、适用范围和支撑环境；编写或者选择适当的化学教材。

（2）化学多媒体课件的设计

化学多媒体课件的设计包括：确定各节的教学模式、课件类型、教学方法和教学策略；根据教学内容要素划分教学单元；确定各单元向学生传输的学习内容、应提出的问题、可能的应答反应；确定对应答反应如何判断、反馈以及转移控制的结构；根据课件的支持环境选择适宜的信息输入方式；通过对原始教材的再创造编制出化学多媒体设计的流程框图。

（3）化学多媒体课件的输出设计

为了提高信息传送效率，要确定适当的信息表示形式（如文字、图像、声音等）。显示器是最主要的输出设备，应根据它的显示特点精心设计信息显示位置、显示技巧，画出附有注释说明的屏幕设计图系列。

（4）化学多媒体课件的程序编制和调试

通过所设计的程序框图，用适当的程序设计语言编写各单元的程序，并在计算机上初步调试，然后把各单元程序组接成课件，再进行整体调试。

（5）化学多媒体课件的试用、修改和维护

在适当的班级或其他教学单位试用所编制的化学多媒体课件，了解试用的情况，针对发现的问题进行修改和日常工作的维护。

# 第七章 化学课堂教学技能

## 第一节 课堂教学建议

化学知识是培养学生化学学科核心素养的重要载体；化学教学是落实化学课程目标，引导学生达成化学学业质量要求的基本途径；化学学习评价是化学教学评价的重要组成部分，对于学生化学学科核心素养具有诊断和发展功能。教师在化学教学与评价中应紧紧围绕"发展学生化学学科核心素养"这一主旨，优化教学过程，有效提高教学质量，发展素质教育，落实立德树人的根本任务。

## 一、深刻领会化学学科核心素养的内涵，科学制订化学教学目标

### （一）深刻领会化学学科核心素养的内涵

宏观辨识与微观探析、变化观念与平衡思想、证据推理与模型认知、科学探究与创新意识、科学态度与社会责任五个方面，是从正确价值观念、必备品格和关键能力层面对化学学科核心素养内涵的揭示，是学生科学素养在知识与技能、过程与方法、情感态度与价值观三个方面得到全面发展的综合表现。

化学学科核心素养构成要素之间具有内在的本质联系。宏观辨识与微观探析、变化观念与平衡思想、证据推理与模型认知分别是从学科观念和思维方式视角对化学科学思维进行描述的；科学探究与创新意识是对化学科学实践的表征；科学态度与社会责任是对化学科学价值取向的刻画，是化学学科整体育人功能和价值的具体表现。

### （二）科学制订化学教学目标

应统筹规划化学教学目标。学生化学学科核心素养的发展是一个持续进步的过程，因此，教师应依据化学学科核心素养的内涵及其发展水平、初中和高中化学课程目标、化学课程内容及学业质量要求（包括学业要求和学业质量水平），结合学生的已有经验，对学段、模块或主题、单元和课时教学目标进行整体规划和设计。例如，结构决定性质是化学学科的核心观念，是宏观辨识与微观探析思维方式的具体表现形式。对于这一观念的学习，就可以整体设计为四个阶段：在必修阶段元素周期律的学习中，要求认识元素"位""构""性"之间的内在联系，能根据元素"位""构"的特点预测和解释元素的性质；在选择性必修课程化学键与物质的性质的学习中，要求能根据化学键的特点，解释和预测化合物的性质；在选择性必修课程分子间作用力与物质的性质的学习中，要求能解释和说明分子间作用力、氢键对物质性质的影响；在选择性必修课程有机化学基础模块的学习中，要求能根据有机化合物官能团的结构特点解释和预测有机化合物的性质。

## 二、准确把握学业质量标准，合理选择和组织化学教学内容

### （一）整体规划化学教学内容的深度和广度

学业质量标准是对学生完成相应的课程内容学习时所应达到的化学学科核心素养水平的一种描述，用于检验和衡量学生化学学习的程度和水平。因此，它不仅对化学教学评价具有指导作用，同时，它也是教师选择化学教学内容的一个重要依据。为此，教师应仔细研读化学学业质量标准，明确化学教学内容在各学段的不同水平、要求，整体规划不同学段化学教学内容的深度和广度。

### （二）合理组织化学教学内容

化学教学内容的组织，应有利于促进学生从化学学科知识向化学学科核心素养的转化，而内容的结构化则是实现这种转化的关键。内容的结构化主要有以下三种形式。

### 1. 基于知识关联的结构化

它是按照化学学科知识之间的逻辑关系组织起来的，如化学键知识的结构化，化学键分为离子键和共价键，共价键又分为极性键和非极性键等。

### 2. 基于认识思路的结构化

它是从学科本原对物质及其变化的认识过程的一种概括，如元素"位""构""性"的关系（周期表中的位置决定它的结构，再由结构决定性质）。

### 3. 基于核心观念的结构化

它是对物质及其变化的本质和其认识过程的进一步抽象，以促使学生建构和形成化学学科的核心观念。例如，对元素"位""构""性"三者的关系，从学科本原可进一步概括出"结构决定性质，性质反映结构"这一化学学科的统摄性观念，而这一观念是宏观辨识与微观探析等化学学科核心素养的具体体现。教师在组织教学内容时，应高度重视化学知识的结构化设计，充分认识知识结构化对于学生化学学科核心素养发展的重要性，尤其是应有目的、有计划地进行"认识思路"和"核心观念"的结构化设计，逐步提升学生的化学知识结构化水平，发展学生的化学学科核心素养。

## （三）贴近生活、社会实际，重视化学与其他学科的联系

化学科学与生产、生活和科学技术的发展有着密切的联系，对社会发展、科技进步和人类生活质量的提高有着广泛而深刻的影响。在教学中，教师应重视"STSE（科学、技术、社会、环境）"内容主题的选择和组织，紧密联系生产、生活实际，使学生认识到化学能够创造更多物质财富以满足人民日益增长的美好生活需要，使学生能综合运用所学知识解释和解决有关的 STSE 问题。

在化学教学中，教师还应重视跨学科内容主题的选择和组织，加强化学与物理学、生物学、地理学、材料科学和环境科学等学科的联系，引导学生在更宽广的学科背景下认识物质及其变化的规律，帮助学生拓宽视野，开阔思路，综合运用化学和其他学科的知识分析、解决有关问题，发展学生的科学素养。

## 三、充分认识化学实验的独特价值，精心设计实验探究活动

### （一）充分认识化学实验的独特价值

以实验为基础是化学学科的重要特征之一。化学实验对于全面发展学生的化学学科核心素养有着极为重要的作用。化学实验有助于激发学生学习化学的兴趣，创设生动活泼的教学情境，帮助学生理解和掌握化学知识和技能，启迪学生的科学思维，训练学生的科学方法，培养学生的科学态度和价值观。因此，教师应认真组织学生完成课程标准中要求的必做实验，重视培养学生物质的分离、提纯和检验等实验技能，树立安全意识，形成良好的实验室工作习惯；应根据学校实际情况合理地选择实验教学形式，有条件的学校尽可能多地为学生提供动手做实验的机会，而条件有限的学校可采取教师演示实验或利用替代品进行实验，鼓励实验的绿色化设计，开展微型实验；注重发挥现代信息技术的作用，积极探索现代信息技术与化学实验的深度融合，合理运用计算机模拟实验，但不能完全替代真实的化学实验。

### （二）精心设计实验探究活动

实验探究是一种重要的科学实践活动，是化学学科核心素养的构成要素之一。教师应依据科学探究与创新意识、素养发展水平和学业质量标准，结合学生的认知发展特点，精心设计实验探究活动，有效地组织和实施实验探究教学，增进学生对科学探究能力的理解，发展其科学探究能力。

实验探究活动应紧密结合具体的化学知识的教学来进行，例如，实验探究卤族元素的性质递变规律，实验探究维生素C的还原性等，使化学知识的学习、科学探究能力的形成与化学学科核心素养的发展有机结合起来。

实验探究教学要讲究实效，不能为了探究而探究，应避免探究活动泛化、探究过程程式化和表面化；应把握好探究的水平，避免浅尝辄止或随意提升知识难度的做法；应避免实验探究过程中教师包办代替或对学生放任自流的现象。

## 四、创设真实问题情境，促进学习方式转变

### （一）创设真实且富有价值的问题情境

真实、具体的问题情境是学生化学学科核心素养形成和发展的重要平台，为学生化学学科核心素养提供了真实的表现机会。因此，教师在教学中应重视创设真实且富有价值的问题情境，促进学生化学学科核心素养的形成和发展。

### （二）积极促进学生化学学习方式的转变

学生化学学科核心素养的发展是一个自我建构、不断提升的过程。教师要紧紧围绕化学学科核心素养发展的关键环节，引导学生积极开展建构学习、探究学习和问题解决学习，促进学生化学学习方式的转变。为此，教师应尽可能设计多样化的实验探究学习任务，应结合具体的化学教学内容的特点和学生的实际，引导学生开展分类与概括、证据与推理、模型与解释、符号与表征等具有学科特质的学习活动，应注意设计真实情境下不同复杂和陌生程度的问题解决活动，引导学生通过小组合作、实验探究、讨论交流等多样化方式解决问题。

## 五、实施"教、学、评"一体化，有效开展化学日常学习评价

化学学习评价包括化学日常学习评价和化学学业成就评价（主要有化学学业水平合格性考试和学业水平等级性考试）。我们应树立"素养为本"的化学学习评价观，紧紧围绕化学学科核心素养的发展水平和化学学业质量标准来确定化学学习评价目标，注重过程性评价和结果性评价的有机结合，灵活运用活动表现、纸笔测验和学习档案评价等多样化的评价方式，倡导学生自评、同伴互评与教师评价相结合，充分发挥评价促进学生化学学科核心素养全面发展的功能。

化学日常学习评价是化学教学不可或缺的有机组成部分，是化学学习评价的一种重要表现形式，是实施"教、学、评"一体化教学的重要链条。教师应充分认识化学日常学习评价对于促进学生化学学科核心素养发展的重要性，积极探索开展化学日常学习评价的有效途径、方式和策略。提问与点评、练习与作业、复习与考试

等是有效开展化学日常学习评价的基本途径和方法。课堂提问的设计应有意识地关注对化学学科核心素养达成情况的诊断。例如，"有哪些因素影响物质体积的大小"这一问题的设计就具有素养诊断价值。有的学生只能基于"宏观"视角思考影响因素，有的学生只能基于"微观"视角思考影响因素，而有的学生却能基于"宏观辨识与微观探析"视角指出影响因素，并能给予解释。

教师应注意发挥课堂练习和课后作业对于学生化学学科核心素养的诊断与发展功能，依据课程内容的各主题的学业要求，精心编制成精选课堂练习和课后作业题，使"教、学、评"活动有机结合、同步实施、形成合力，有效促进学生化学学科核心素养的形成与发展。单元与模块复习应依据内容要求，围绕化学核心概念和观念的结构化来进行，通过提问或绘制概念图等策略，诊断学生化学核心概念和观念的结构化水平。对于处在"知识关联"水平的学生，教师应引导他们进一步概括核心概念的认识思路，形成基于"认识思路"的结构化，从而提升其化学核心概念和观念的结构化水平，发展其化学学科核心素养。

## 六、增进化学学科理解，提升课堂教学能力

### （一）增进化学学科理解

开展基于学生化学学科核心素养发展的课堂教学，对化学教师的专业素养提出了更高的要求，要求教师进一步增进化学学科理解。化学学科理解是指教师对化学学科知识及其思维方式和方法的一种本原性、结构化的认识，它不仅是对化学知识的理解，还包括对具有化学学科特质的思维方式和方法的理解。教师应注重通过多种途径和方法提高化学学科理解能力，应反思自身化学学科理解方面的不足，主动参加有关的学习和培训活动；应充分发挥化学教研组、备课组的作用，结合具体的教学内容，有针对性地开展所教内容的学科理解研讨；积极发挥区域教研的优势，通过"名师工作室"和"学科教研基地"等多种形式开展教研活动，使教师的化学学科理解能力得到相应的提高。

### （二）提升课堂教学能力

发展学生的化学学科核心素养，要求教师积极开展"素养为本"的课堂教学实

践，主动探索"素养为本"的有效课堂教学模式和策略。在化学教学设计和实施中，教师应科学制订具体可行、基于化学学科核心素养发展的教学目标，挖掘教学内容在化学学科核心素养发展方面的独特价值，设计和开展多种形式的实验探究活动，有目的、有计划地引导学生运用化学科学思维方式和方法学习化学知识，注重引导学生在化学知识结构化的自主建构中理解化学核心观念，设计基于真实情境的问题解决任务，使学生在解决问题的活动中逐步发展化学学科核心素养。"素养为本"的化学课堂教学设计与实施，对教师来说是一个新的、富有挑战性的研究课题。教师要以改革的精神主动探索，积极开展"素养为本"的课堂教学行动研究，在行动研究中总结和提炼发展学生化学学科核心素养的有效途径、方法和策略，提升自身开展"素养为本"课堂教学的能力。

# 第二节　课堂教学方法

化学课堂教学方法是指教师和学生为了完成教学任务、实现教学目标而采用的共同活动方式，是教师指导学生掌握知识技能、获得身心发展而共同活动的方法，是教师的施教活动、学生的学习活动，以及教师和学生相互作用和构建人际关系的活动，它关系到教学目标能否实现、教学任务能否完成以及完成的程度、质量和效率。启发式教学方法是指教师从学生的实际出发，采取有效的形式去调动学生的学习积极性，指导他们自己去学习的方法。启发式教学方法是目前我们要求掌握的，特别是在新的教学方法不断出现的"互联网+"时代更是如此，在此基础上出现了两种典型的化学教学方法，即化学实验启发教学法和化学多媒体组合教学法，但在应用化学教学方法时一定要有针对性和多样化，实现最优化的教学方法。

## 一、化学教学方法的分类

根据教学活动中学生的不同认知方式，将常用的教学方法分为五大类，即以语言传递为主的教学方法、以直观感知为主的教学方法、以实际训练为主的教学方法、以引导探究为主的教学方法和以情感陶冶为主的教学方法。

### （一）以语言传递为主的教学方法

这类教学方法最为广泛，主要包括讲授法、谈话法、讨论法和读书指导法等。

（1）讲授法，指教师运用口头语言系统连贯地向学生传授知识、技能，发展学生智力的一种教学方法；可分为讲授、讲述、讲解和讲演四种；优点是可充分发挥教师的主导作用，在短时间内获得大量系统的科学知识，并能结合知识传授进行思想品德教育。讲授法要求内容要有科学性、系统性和思想性，要认真组织、系统完整、层次分明、重点突出、语言精练。讲述可用于讲述化学史，陈述组成、结构、性质、变化等；讲解用于分析化学事实，解释和论证比较复杂的内容等；讲演用于对某个专题的系统介绍等，比较适合高年级学生。

（2）谈话法，指教师和学生相互交谈，以引导学生根据已有的知识经验，通过独立思考去获取新知识的一种教学方法；优点是能照顾到每位学生的特点，充分激发学生的思维活动，有利于发展学生的语言表达能力，并使教师通过谈话直接了解学生的学习程度、检查自己的教学效果，从而提出一些补救措施来弥补学生知识的不足，开拓学生的思维，使学生保持注意和兴趣。教师要做好计划，对谈话中心、内容和问题做充分准备，问题要明确、具体，善于诱导，结束前要进行小结。

（3）讨论法，指全班或小组成员在教师的指导下，围绕一个中心问题发表自己的看法和见解，相互学习的一种方法。讨论法要求学生要具备一定的基础知识、理解能力和独立思考能力。讨论法的优点是通过对所学的内容展开讨论，学生之间可以集思广益、相互启发、加深理解、提高认识，激发学习热情，培养对问题的钻研精神，锻炼语言表达能力。教师要提出有吸引力的问题，明确具体要求，指导学生收集资料，引导学生围绕中心、结合实际自由发表，让每位学生有发言机会，结束前要进行小结并提出进一步思考的内容。

（4）读书指导法，指教师指导学生通过阅读教材和参考书，以获得和巩固知识，培养学生自学能力的一种方法。读书指导法对培养学生的阅读能力、教会学生学习、发挥学生的自学能力有独特的价值。教师要明确目标、要求，给出思考题，教会学生使用工具，帮助学生学会阅读方法，并用多种方法指导学生阅读。

## （二）以直观感知为主的教学方法

这种教学方法具有形象性、具体性、直接性和真实性的特点，主要有演示法和参观法两种。

（1）演示法。指教师通过展示实物、教具和示范实验来说明和验证某一事物和现象，使学生掌握新知识的一种教学方法，主要有实物、标本、模型、图片的演示，图表、示意图、地图等演示，电影、录像等演示。演示法体现了直观性和理论联系实际的教学原则。教师使用演示法时，要操作规范，引导学生集中注意力，发展学生的观察能力，并分析、归纳综合得出结论。

（2）参观法，又叫现场教学法，是教师根据教学目的和要求，组织学生进行实地考察和研究，使学生获得新知识，巩固、验证旧知识的一种教学方法；优点是能够使教学和实际生活、生产联系起来，激发学生对知识的渴望和兴趣，扩大学生的视野，使学生直接接触社会，并从中受到教育和启发，同时培养学生观察事物的能力和习惯。参观前要根据教学目的和要求做好充分准备；参观时引导学生收集资料，做好记录；参观后组织学生总结。

## （三）以实际训练为主的教学方法

以实际训练为主的教学方法是指以形成技能技巧、培养行为习惯和发展学生能力为主的教学方法。《化学教师综合技能训练》教材就是典型的实际训练法。此法的特点是使学生通过实践活动达到动脑、动口、动手，提高学生分析问题和解决问题的能力，并使其养成良好的行为习惯。该种教学方法主要有练习法、实验法、实习法、实践活动法四种。

（1）练习法，指学生在教师的指导下巩固知识，培养各种技能技巧的基本教学方法，包括说话练习、解答问题练习、绘画和制图练习、作文和创作练习、运动与文娱技能技巧练习等，优点是可以有效发展学生的各种技能技巧，对培养学生的意志品质有重要作用。使用此法主要是明确练习的目的、要求，方式要多样，注意学生基础知识的积累和基本技能的提高，进行及时的检查和反馈评价，培养学生自我检查的习惯。

（2）实验法，指教师引导学生使用一定的仪器和设备，进行独立操作，引起某些事物和现象产生变化，从而使学生获得直接经验，培养学生技能技巧的教学方法；常用于自然科学的学科教学，如化学实验教学训练和科技活动训练部分，优点是可以将理论与实践相结合，有利于激发学生的求知欲，培养学生独立使用仪器进行科学实验的基本技能、严谨的科学态度和扎实的作风。此法要求认真编写实验计划，加强实验指导，做好实验报告批改和实验总结工作。

（3）实习法，指教师根据学科课程标准的要求，指导学生运用所学知识在课内和课外进行实践操作，将知识运用于实践的教学方法，如数学测量实习、化学教育实习等，优点是有利于理论与实践相结合，培养学生运用书本知识从事实际工作的能力。此法要求在教师指导下有目的、有计划、有组织地进行，教师要加强指导，实习结束后要指导学生写出实习报告并进行成绩评定。

（4）实践活动法，指学生参加社会实践活动，培养学生解决实际问题的能力和多方面实践能力的教学方法。此法要严格以学生为中心，教师只是学生的参谋和顾问，教师要保证学生的主动参与，不能越俎代庖。

## （四）以引导探究为主的教学方法

以引导探究为主的教学方法是指教师组织和引导学生通过独立的探究和研究活动而获得知识的方法。此法称为发现法，又名探索或探究法、研究法。学生在教师指导下，对所提出的课题和提供的材料进行分析、综合、抽象和概括，自行发现并掌握相应的原理和结论。此法的特点是关注学习过程甚于关注学习结果，要求学生主动参与到知识的形成过程中，优点是能够使学生的独立性、探索能力、活动能力和创新能力在探索中得到高度发挥。此法要求教师要明确探究发现的课题和过程，严密组织教学，创造有利于学生发现的良好情境。

## （五）以情感陶冶为主的教学方法

以情感陶冶为主的教学方法是指教师根据一定的教学要求，有计划地使学生处于一种类似真实活动的情境之中，利用其中的教学因素综合地对学生施加影响的一种教学方法。此法的优点是改变了传统教学只重视认知、忽视情感的弊端，对培养学生的学习动机、丰富学生的生活体验、发展学生的创造能力、培养学生的高尚道德和审美情感都有重要作用；缺点是应用范围有限，更多是作为辅助性教学方法使用。此方法可分为欣赏教学法（对自然、人生和艺术等的欣赏）和情境教学法（创设一定的情境，引起学生情感体验，如生活展现、图画再现、实物演示、音乐渲染、言语描述等情境）。但化学新课标要求，今后在课堂教学中应该尽量从生活、生产和社会等方面去创设一定的情境进行教学。

## 二、化学教学方法应用注意事项

化学教学方法多种多样，但选择时必须要有针对性和多样化，要采用最优化原则，注意情境性与启发性，可以根据学习动机的激发方法（创设新奇情境、成功情境，说明学习意义，提出期望要求，利用有效评价等）来选择合适的教学方法。在教学活动的组织和实施过程中要注意个别教学、分组教学、团体教学的使用与把握，在组织方式上要分清课堂教学、实验教学、电化教学等不同的组织形式，还要按照学生接受—复现、复现—探索、自主探索的认知活动方式进行选择。在教学活动中，内部活动方式主要有分析、抽象、综合、概括、判断、推理、比较、归类、论证等，而外部活动方式则有陈述、谈话、讨论、阅读、展示、演示、参观、实验、练习、实习、其他活动等。在选择教学方法时，一定要注意将内部活动和外部活动结合起来进行。

使用教学方法时还必须进行教学活动的检查、反馈和调控。教学活动的检查方法主要有测验（口试、笔试等）、观察（练习、作业、表情等）、调查（谈话、问卷、自陈等）三种方式；反馈方式主要有评定成绩、做出评论两种；调控方式主要有教师控制、教材控制、机器控制、学生自控。过去的教学方法仅仅是教学活动的组织与实施，而如今是多层次、多维度和多类型的复杂体系，因此，必须合理地选择和优化教学方法。

## 三、化学教学方法的选择、组合和优化

教学方法要根据教学目的和任务的要求、课程性质和特点而定；每节课的重点和难点，学生年龄特征，教学时间、设备和条件，教师业务水平、实际经验和个性

特点而定；还受到教学手段、教学环境等因素的制约。这就要求我们要全面、具体、综合地考虑各种关系，进行权衡和取舍，选择化学教学方法时要看该方法是不是有利于完成既定的教学任务、达到预定的教学目的；是不是适合于教学内容，符合学科的研究方法；是不是适应学生个体以及学生集体的发展水平和心理等方面的需要，学生是否具有必要的学习准备；是不是具有相应的教学条件，如实验设备；是不是符合化学教学规律和教学原则；是不是有利于落实教学指导思想、教学策略和教学思路；教学方法本身的教育价值；教师对教学方法的了解、使用教学方法的经验和能力及教学风格等个人品质和个性特征。

教学方法运用的综合性是指根据教学任务和教学内容的需要，综合运用多种教学方法，而不要长期只使用一种教学方法。教学方法运用的灵活性是指在实际应用中，要从实际出发，随时对其进行调整，以达到最佳教学效果。教学方法运用的创造性是指从教学实践出发，在把握现有的基础上进行教学方法的创新，如现在的对分课堂、翻转课堂、微课、慕课、私播课等教学方法的运用等。

## 四、国内外教学方法的改革

国内目前教学方法的改革主要有愉快教学法、情境教学法、案例教学法、尝试教学法、成功教学法等。国外有代表性的教学改革包括美国心理学家布鲁纳倡导的发现法、美国教育家布卢姆的教育目标分类和掌握学习策略所形成的目标教学法、教育心理学家斯金纳的程序教学法、教育家沙塔洛夫的纲要信号图教学法，还有范例教学、暗示教学、非指导性教学法等。

（1）纲要信号图教学法，分别是按教材内容详细讲解教学内容；出示纲要信号图式进行第二次讲解来突出重点，分析难点，指出各部分之间的逻辑关系并加以概括；把小型图示发给学生进行消化；要求学生课后按图示复习；在下一次课上让学生根据记忆在各自练习本上画出图示；让学生在课堂上按图示回答问题6步。

（2）暗示教学法，是由保加利亚医学和心理学博士洛扎诺夫创立的一种教学方法。此法与传统的教学方法相反，上课如同做游戏和表演，如外语教学中每课有250个单词、一些新语法、一个主题对话（一种教学剧本，有生动的情境、有趣的情节、戏剧冲突等），教材还配有一套专门的练习，教学活动包括介绍情况、给每名学生取一个新名字、假设一个新职业，学生据此进行各种游戏和表演活动。这种教学方法可使学生在 6～7 周内基本掌握一种新的语言。

（3）非指导性教学法，可以使学生通过自我反省活动及情感体验，在融洽的心理气氛中自由地表现自我、认识自我，最后达到改变自我、实现自我。传统的指导性教学以教师为中心，注重知识和技能，采取比较固定的步骤；非指导性教学则以学生为中心，不重视技术，只重视态度，主要是移情性理解，无条件尊重和真诚，重视个体的学生自己具有成长的可能，教师由指导者变成了促进者，极大依赖个体成长，强调情感因素，教学尽可能直接进入学生情感世界，强调人际接触和人际关系在教学中的地位。

# 五、主动学习法

主动学习作为一种强调口头表达、书面表达、参与式学习和"做中学"的创新教学法，几十年来已经在美国得到了广泛的应用，最近更是因为普渡大学主动学习中心的建成和麻省理工学院在其本科生物理导论课中全盘采用技术支持的主动学习而受到全世界的瞩目。那么，什么是主动学习？在教学中又该如何使用合适的策略来促进学生主动学习？

## （一）主动学习与被动学习

主动学习其实并不是一个新鲜概念。它是指学生以口头表达、书面表达和动手实践的方式，而非被动地阅读、听讲和观摩教师演示来进行学习的一种创新的教学方法，从英国学者瑞吉内德·W. 瑞万提出至今，已经在全球不少学校，尤其是大学中被广泛应用。和被动学习相比，主动学习在知识留存率方面占有显著的优势。

## （二）主动学习课堂操作策略

那么主动学习在课堂实践中都有哪些操作策略呢？

### 1. 课堂讨论策略

该策略被广泛应用于不同班额、不同学科、不同授课方式的班级中，最佳实施时机是复习环节。学生们对某个单元或某门课程的内容有了一定的了解和掌握后，更有可能产生高质量的、富有成果的、充满智慧的课堂讨论。此外，实施课堂讨论时，教师的指导角色不可或缺，因为这是一项难度较高的学习任务，要求参与者能对所学内容进行批判性思考，能对同伴观点进行富有逻辑思辨力的评点、总结、回应和反驳，因此，需要教师对之进行预先辅导和随堂点拨。

**2. 思考—配对—分享策略**

该策略要求学生先花几分钟时间，对上堂课的内容做个小结，随后和一个或两个同伴讨论自己的小结，最后在全班同学面前分享。这项任务对学生的要求很高，他们必须对学科内容具备一定深度的背景知识，才有可能对课堂内容做出精辟且恰当的小结。另外，学生还必须拥有把自己的观点和同伴的观点进行对照和联系的能力，以充分吸纳同伴们在配对环节贡献的智慧，从而在分享环节提供有成果的洞见。当然，在这样高难度的任务中，教师作为点拨者对于复杂概念的廓清和关键原则的重申也是至关重要的，否则，思考—配对—分享就有可能变成一场无意义的教学。

**3. 学生二人组策略**

这是一种学生成对进行提问、回答、讨论的学习策略。在预备环节，学生们必须先通读相同的材料，并写下自己的问题。随后，教师对学生进行随机配对，比如学生 A 和学生 B。学生 A 先提问，学生 B 回答，然后他们就此问题展开讨论；学生 B 再接着提问，学生 A 回答，然后又是讨论。这一轮结束后，教师又随机抽取一对，比如学生 C 和学生 D。同样，学生 C 先提一个问题（和学生 A、B 不同），学生 D 回答，再讨论，随后学生 D 提问，学生 C 回答……如此循环往复。在此过程中，教师来回巡视，及时给予反馈和答疑。

**4. 一分钟论文策略**

这是一种学生对所学内容进行总结、教师给予及时反馈的教学方式。不过，虽然被称为"一分钟论文"，但要求学生在极短时间里对给定内容做出简明、精确的总结，并以书面形式正确、流畅地表达出来并非易事。一般来说，学生都需要花 10 分钟左右做准备和练习。

**5. 即时教学策略**

这是一种课堂"预热"策略。在课程开始前，教师预先给学生们布置几个问题和共同的阅读材料，一方面引导他们进行预习和阅读，另一方面促使他们对本门课的目标进行反思；随后，将这几个问题在课堂上进行充分讨论。实施得当的即时教学，能对学生起到导读和导学的作用，并使他们对自己的学习更有目标感和掌控感。

耶鲁大学哲学院院长、哲学和认知科学教授塔玛尔·甘德勒就在每堂课开始前布置指导练习，以问题的形式引导学生进行深入的、有的放矢的课前阅读，为有效课堂奠定了基础。

### 6. 同伴互教策略

该策略要求某名学生就某个专题或某节课本内容展开深入研究，准备相关材料，并对全班同学进行讲授。通过这样的训练，作为"小老师"的学生会对所教内容理解得更加深入、掌握得更加精细，而对于其他学生而言，由同伴来教，可能沟通交流和传授效果会比教师更好。

### 7. 工作室漫步策略

运用该策略时，教室被布置成一个工作室，工作室再划分成若干个讨论组，学生们可以在不同的讨论组之间"跳来审去"，贡献自己的意见和智慧。该策略形式灵活，最终学生对于某个话题的见解必须以 PPT 演示的形式向全班同学呈现。

# 第三节　课堂教学技能

课堂教学(上课)是指教师把精心设计好的教学设计(教案和学案)在课堂上实施，以取得预想的教学效果。课上必须要充分发挥教师的主导作用，调动学生的主体积极性；上课过程中要注意信息的及时反馈和调控，严格控制教学时间，提高课堂教学效率；教学过程中要培养学生的宏观辨识与微观探析、变化观念与平衡思想、证据推理与模型认知、实验探究与创新意识、科学精神与社会责任五大化学核心素养。

## 一、教学语言技能

教学语言是教学信息的载体，是上课的必备条件。教学语言的基本要求是遵守语言的逻辑规律。化学教学语言应该准确、鲜明、生动，合乎语法，用词恰当等。教学语言还要适应教育教学要求，如声音清晰、洪亮、流利，发音标准，声音抑扬顿挫，语速适当，语调要有节奏和变化等。化学教学语言必须符合化学学科特点，正确应用化学术语，确切表达化学概念，符合化学语言规范等。化学教师应该努力使自己的教学语言达到出口成章，使每节课的教学语言记录下来就是一篇精彩的讲稿或文章。

教师用教学语言讲授时，应该做到内容完整、层次分明、富有逻辑性，既注意全面和系统，又抓住重点、难点和关键；讲授时必须语言准确、精练、生动，让学生能听清、听懂，有感染力，能引起和保持学生的注意力；讲授时还应注重启发性引导、分析、阐述和论证，注重激发学生积极思维，使师生活动协调、同步；在讲授的同时，能恰当运用板书、板画及表情、手势等手段来配合，注意收集讲授效果的反馈信息，能及时做出适当的调整。

## 二、指导学习活动技能

学生的化学学习活动主要有课堂上的听课、记笔记、观察、思考、实验、探究、讨论、自学、练习，以及课后的复习、作业、预习、阅读、收集资料、实践活动等。教师在教学中要不断地组织实施这些课内和课外学习活动，提高组织和指导学生进行学习活动的技能。

### （一）指导听课技能

听课和记笔记是学生课堂上最重要的学习活动。在课堂教学中，教师要在上课前做好学习定向工作，使学生大概了解学习目标、方法和步骤，要重视做好每节课的小结工作，使知识结构化和系统化，帮助学生完成模型认知和知识建构；在讲课时，对重点和难点内容要有必要的重复讲授，并利用停顿和提高语调、控制较慢的语速和配合板书，让学生能听清和看清，并配合使用积极的情感表达与丰富的副语言技能，充分调动学生的学习积极性，发挥学生的主体性，使学生自动、自觉地想听课和要做笔记。课堂上，教师还要指导学生合理分配注意力，善于用耳、眼、脑、手相互配合和协调使用，在老师上课停顿时抓紧记笔记，先将不理解的问题记下来，等课后再认真思考或请教老师与同学，记笔记时还要学会选择内容，主要记老师讲课的思路、内容提纲、疑难问题、教材中没有的重要补充内容和学习指导等，并要学会用简明扼要的文字、图表和符号做笔记，以便于节省时间。教师还可以组织班级优秀笔记展示和交流等活动，逐步提高对课堂笔记的要求，提高学生听课和记笔记的效率。

## （二）指导讨论技能

讨论是在教师的组织和指导下，相互质疑和论辩、启发和补充、共同得到问题答案的一种集体学习活动。它要求学生具有一定的知识基础、思考能力和讨论习惯，也要求教师有较强的组织与管理能力和丰富的教学经验。教师组织和指导学生讨论的难点是控制讨论方向和时间，提高讨论效率和学生的积极性。首先，教师要围绕教学目标，精心设计讨论题，使其具有较好的思考性、论辩性，难度适中，最好配合化学实验、情境导入、课堂练习和作业等活动方式；其次，要让学生理解讨论题及其意义，给学生足够的思考时间，可以采取提前公布讨论题，引导学生复习有关知识、阅读教材和参考资料、收集资料和准备必要的发言稿等方法；再次，要鼓励、要求学生在认真思考、准备的基础上各抒己见，积极大胆地发言，勇于坚持正确的意见、修改和放弃错误的意见，还要让学生在讨论中紧扣主题、相互切磋和学习；最后，教师要及时帮助学生排除疑难、障碍和干扰，尽量让学生自己分辨是非、纠正错误，得出正确的结论，教师不轻易表态和包办，但更不能放任自流、袖手旁观，要注意掌握时机，积极引导，培养学生自己组织讨论的能力等。

## （三）指导练习技能

练习是以巩固知识、形成技能和发展能力为目标的实践训练活动，是教学过程中的重要环节。练习可促进学生将学到的知识与实际相联系，使学习效果进一步得到深化和提高，也是教师获得反馈信息的重要途径，但练习一定要防止陷入题海中，要力求精练和取得高效率。首先，教师要针对学生发展的需要，精心选择、编制练习题，要有明确的练习目的，内容要在全面的基础上突出重点和难点。练习题还要有典型性、思考性、开放性和趣味性。化学练习要尽量联系生活和生产实践，难度和题量都要适当，要减少重复练习，保护和发展学生的学习兴趣。其次，教师要引导学生复习有关知识，进行审题与解题指导，讲清要求与格式，对复杂的练习，按分步练习—完整连贯—熟练操作顺序分阶段组织练习，注意一题多解和举一反三。再次，教师要通过巡视检查及时收集教学反馈信息，实行分类指导，对完成较好的同学可以增加要求、补充练习；对出现错误和完成有困难的学生则进行指导和课后辅导；对普遍感到困难的题目则要补充讲解，如果有时间还可以让学生上黑板演示练习过程，并组织全班同学观摩和评价。最后，教师要及时对学生的方法、过程和结果进行讲评，组织学生互评、自评。教师要做好练习总结，在学生有了实践体会的基础上，总结出审题、解题或操作的一些规律，加深并提高学生对相关知识的理解，并布置一些课后作业（家庭作业）让学生进一步练习，提高学生解题技巧。

## （四）指导自学技能

化学课程的自学主要包括阅读、实验、思考、解决问题、课前预习、复习和表达等，而狭义的自学则专指学生独立阅读教科书。教师在组织和指导学生自学时，首先要引导学生认识学习是自学的首要任务，充分认识到自学对于适应学习型社会、提高自身发展潜力的重要意义；其次是通过教师自身的示范，让学生逐步学会收集、选择学习材料，自己确定学习任务、重点等；再次是让学生知道自学阅读不仅要动眼，还要动笔，摘录要点，及时记下心得、体会，整理和编写知识小结，做好阅读笔记，还要注意多动手练习来深化理解、学会应用和掌握知识，学会善于动脑，注意新旧知识的对比、联系，发现问题后，通过独立思考或与同学讨论解决，注意进行概括和总结，抓住重点和精髓；最后，学生要逐步学习、掌握各类内容的规律，而教师要注意组织好自学成果的交流、讨论和示范活动。例如，对理论性知识要注意产生有关概念、原理和定义的事实依据，学会通过抽象、概括和推理，自己得出结论，了解有关知识的应用及其范围，并能具体举例；对元素化合物知识，要多联系实验现象，弄清物质的结构、性质、用途与制法之间的联系与规律，并形成概念图。

## （五）指导合作技能

合作学习是以小组为单位，通过学生或学生群体间的合作性互动来促进学习，达到整体学习成绩最佳的学习组织形式。合作学习把个人之间的竞争转化为小组之间的竞争，力求通过组内合作，使学生尽其所能，达到最大限度的发展。教师在组织合作学习时，首先要明确个人责任，培养团体精神，鼓励每位成员发挥最大潜力，在独立思考的基础上，在平等、民主的氛围中人人参与、各抒己见，重视小组成员间相互支持、鼓励和帮助，使每位成员达到预期目标；其次是合理组建学习小组，促进学生共同参与，精心设计合作学习内容，发挥小组各成员的作用；再次是把握合作学习时机，提高每位成员的参与欲望，由于合作学习方式不能每节课都采用，也不是整节课都使用，教师要把握恰当的时机组织小组合作学习，让学生带着迫切的愿望投入合作学习中；最后是进行适时、合理的评价，调动参与者的学习积极性。在合作学习过程中，如果学生每一个有价值的问题、精彩的发言或成功的实验操作，都能得到组内其他成员的赞许，会使学生体验到合作学习的快乐，可有效激起他们继续合作的欲望。

## （六）指导探究技能

探究式教学是由学生自己寻找问题答案的教学活动方式。它以学生独立自主学习为前提，给学生提供观察、调查、假设、实验、表达、质疑及讨论问题的机会，让学生将自己所学的知识应用于解决实际问题。探究式教学有利于开发学生的智力，发展学生的创造性思维，培养学生的自学能力，有利于学生学习和掌握学习方法，培养学生的五大化学核心素养，为其终身学习和工作打下坚实的基础。化学教师的作用就是调动学生的探究积极性，引导学生发现问题、提出问题、分析和解决问题，促使他们自己去获取知识、发展能力。教师在组织和指导探究教学时，首先要发掘蕴涵在教材中的探究因素，充分利用化学实验进行探究活动，不能只满足学生做实验，还应注意创设问题情境让学生自己设计实验，通过实验探究活动发展学生的发散思维和批评性思维，充分挖掘学生的创新意识与科学精神。其次，教师要激发学生探究、思考的兴趣。教师要注意引导学生产生思考实验现象、发现问题、解决问题和探究原因的兴趣，引导学生质疑和创新，使学生主动进行探究活动。再次，教师要敢于放手，留给学生思考的空间。当学生在探究活动中遇到问题时，教师不能急于解释和给予帮助，要利用学生已有的知识去进一步引导，要留给学生思考的时间和空间，并注意启发学生去发现新问题，引导他们找出不同的方法和思路，鼓励学生自己设计实验方案，并亲自观察、尝试、探索、实践，还要允许学生出现错误，不能求全责备，使学生在自由、和谐、轻松的氛围中去探究，充分展现自己的才华。最后，教师要按照科学探究的过程规律，指导学生开展探究活动。教师要按科学探究的方法抓好情境创设、发现问题、明确问题、提出假设、收集资料、进行验证、形成结论和讨论交流等环节，并注意引导学生总结科学探究方法，重视科学精神和社会责任。

## 三、板书、板画技能

板书是在课堂教学过程中教师利用黑板、白板、磁性板等，以精练的文字和化学符号传递信息的行为方式。板书是一种重要的课堂教学手段，是课堂教学的有机组成部分。板书设计是课时教学方案的重要组成部分，是教师的基本功之一。

板画主要指绘制常用化学实验仪器图及其装置图，是学生巩固和加深理解化学基础知识不可缺少的途径。板画要求按现行的中学化学课程标准执行。高中学生应初步学会描绘简单仪器及其装置图。板画可使学生熟悉仪器的名称、性能、大小及连接方法，科学地掌握仪器装置的原理；同时板画可作为直观教具，能提高教学效果，激发学生的学习积极性。板画训练时要由简到繁、分步画出，绘制时要求形象正确、比例适当、条理清晰、重点醒目，以表现实验装置的要求，达到贴切、美观的教学效果。

## 四、模型、图表和标本使用技能

化学模型是以化学实物为原型，经过加工模拟制作的仿制品，是对化学实物三维表现的构造示意。有些实物不易得到，或因体积需要缩小或放大，都可以制成模型。常见的化学模型有化工生产的典型设备，如炼钢高炉模型等；化工生产流程，如接触法制硫酸简单流程模型等；物质结构模型，如电子云模型、有机物分子结构的球棍模型和比例模型等。图表是指化学教学中各种图和表。图是事物的形象描述或理论关系的生动描述。常见的图表主要有化学实验图，如实验仪器装置图、基本操作图等；化工生产图，主要是典型设备构造示意图和工艺流程图；物质结构图，如电子云图、原子结构示意图等；物质相互关系图，如元素化合物及其相互关系图等；各种曲线图，如溶解度曲线图等。标本是指经过挑选或加工，外观品质符合教学要求的化学实物。中学化学教学中常用的实物标本有矿物标本、重要化工产品标本、冶金产品标本、化学试剂标本和物质的晶体标本等。

这些模型、图表和标本在化学课堂教学中具有不可替代的作用，在宏观辨识与微观探析（如电子云图、原子结构示意图等）、变化观念与平衡思想（如物质相互关系图等）、证据推理与模型认知（如溶解度曲线图等）、实验探究与创新意识（如实验仪器装置图、工艺流程图等）、科学态度与社会责任（如炼钢高炉模型、各种化工和矿物标本等）五大化学核心素养的养成方面有重要作用。因此，我们在化学课堂教学中要充分利用学校的各种模型、图表和标本，在讲授相应知识模块时配合使用，真正发挥好这些辅助教学工具的作用，使课堂教学达到最佳效果。

## 五、作业和辅导技能

布置作业是课堂教学活动的组成部分，主要是告诉学生应进行哪些工作和完成这些工作的方法。作业的形式主要有阅读教科书和参考书、做练习题、进行调查、参观、绘制图表、实验（学生在家中可做一些简单的实验）等。布置作业时，注意作业的内容要围绕重点，解决难点；内容表达要明白，作业的范围要确定；措辞要科学；要启发学生思维，培养学生分析及解决问题的能力；要启发学习动机，使学生认识作业的重要性；要重视指导进行作业的方法，对有特殊困难的学生，最好另外进行个别辅导；要注意适度，如分量过重，学生不能完成，会降低学习兴趣，有些学生还会看成学习负担。批改作业可以采用全收全批与部分批改相结合，精批细改与典型批改相结合，集体批改与个别批改相结合等方法。辅导是一种辅助性的教学组织形式，以弥补课堂教学的不足，便于了解学生学习上的问题和意见，研究学生的认识规律，做到教学相长，是提高教学质量的重要措施。辅导应有目的地进行，重点在于指导学习方法，提高学生的能力，同时要启发学生的自觉性，使其乐意参加。辅导时教师要循循善诱，满腔热情。

## 六、提问技能

提问主要是教师通过预先设计的一系列相互联系的问题，启发、引导学生经过思考做出正确回答，以师生对话方式围绕课题的重点与难点展开的讨论。提问和解答问题要注意避免机械的一问一答方式，注意双向交流，要做到问题提得好，提出的问题既要使学生能回答上，又不能太过于简单，不加思考就能回答出来。课堂问题主要分为导向性问题（探究性问题）、评价性问题和形成性问题，以及引导学生思考进行的反问、变换问题、有效追问等。提问时必须选择恰当的时机和对象，以恰当的方式提问，以引起学生注意，真正达到启发思考、培养学生能力的目的。问题提出后，教师还要鼓励学生大胆发言，并善于倾听学生的发言，依学生回答问题的情况，进行有效追问。教师必须要训练和提高教师的提问艺术，不能用"是不是"或"对不对"等简单判断的方式进行提问，一定要进行灵活、有效的深化、转问、反问、回问等高级提问技术的学习和训练，也不能只满足于少量学生烘托课堂氛围的回答问题，对沉默和边缘的学生要给予关注和适当的提问，并根据学生掌握的问题情况，采取强化和相应补救措施，提高课堂实效。

## 七、情感表达与副语言技能

教师的情感技能是提高课堂教学效率的有效手段。研究表明，52 种教师特征中，有 38 种与情感有关。教师的情感技能中，最重要的是使学生得到对教师态度倾向的感受和体会。教师的热情、信心、亲近、鼓励等都可以增强学生搞好学习的信心和驱动力。用于传递情感的副语言主要有各种面部表情、眼神、微笑、声调，以及头和手的动作，如点头、摇头、挥手、拍肩膀等。教学副语言以口头语言为基础，配合口头语言活动进行，没有形成独立的语言系统，不能叫语言，但在课堂教学中有重要作用。教师一定要多学习和训练正确的情感表达与副语言技能。

# 第四节　课堂导入技能

课堂教学情境是指知识在其中得以存在和应用的环境背景或活动背景。学生所要学习的知识不但存在于其中，而且得以在其中应用，也可能含有社会性的人际交往。教学情境的特点和功能不仅在于可以激发和促进学生的情感活动、认知活动和实践活动，还能提供丰富的学习素材，有效地改善"教"与"学"。

## 一、教学情境导入的功能和特点

学习的过程不只是被动接收信息，更是理解、加工信息，主动建构知识的过程。

认知需要情感，情感促进认知。适宜的教学情境不但可以提供生动、丰富的学习材料，还可以提供在实践中应用知识的机会，促进知识、技能与体验的连接，让学生理解所学的知识，进一步认识知识的本质，运用知识解决问题，发展能力。只有学习的内容被设置在该知识的社会和自然情境时，才能体会到学习情境的意义。课堂导入艺术的特点主要是针对性、启发性、新颖性和趣味性。针对性是指情境导入要满足学生听课的需要，针对性强；启发性则是指情境导入能启发学生的思维能力；新颖性是指情境导入能吸引学生的注意；趣味性则是指情境导入能激发学生学习的兴趣，提高学生学习效率。

# 二、课堂教学情境导入方法

课堂教学情境导入点主要有四个方面，从学科与生活的结合点入手，创设情境，如盐的教学情境设计为加工皮蛋的录像；从学科与社会的结合点入手，创设情境，如食盐和纯碱的教学情境设计为西部盐湖开发；利用问题探究创设情境，如溶解度的教学情境设计为食盐与硝酸钠比溶解能力强的对话；利用认知矛盾创设情境，如原电池的教学情境设计为老师从意大利科学家伏打通过实验发现原电池来设计情境等。下面是化学教学常见的九种情境导入方法。

## （一）开门见山，平铺直叙

开门见山式导入，即在上课开始后，教师开门见山地介绍本节课的教学目标和要求、各个部分的教学内容、教学进程等，让学生了解本节课的学习内容或要解决的问题。当学习内容对学生来说是一类新知识或新领域，从学生原有认知结构中不易找到新知识的"生长点"，新知识的学习方法和学习程序又没有适当的范例供借鉴运用时，可选择直接导入法，但此法在化学教学中应该尽量少用或不用。

## （二）温故知新，探求新知

这是一种常用的导入方法，其特点是以复习已经学过或学生日常生活中已经了解的知识为基础，将其发展和深化，引出新的教学内容。复习旧知识的导入方式重在恰到好处地选用与新授课内容关系密切的知识，达到温故知新的目的。

### （三）巧设悬念，引人入胜

悬念式导入，它是指教师上课伊始，有意设置一些带有启发性的疑问，摆在学生面前，又不直接说出答案，使学生感到"山重水复疑无路"，迫使其去寻求"柳暗花明又一村"，从而进入学习新知识、解决新问题状态的一种导课方式。在化学课的教学中，有相当一部分内容缺乏趣味性，讲起来干瘪，学起来枯燥。对这些章节内容的教学，教师若能有意识地创设悬念，便能使学生产生一种探究问题奥妙所在的愿望，激发起学生学习化学的兴趣。

### （四）故事吸引，启迪思考

把课讲得生动形象、深入浅出，始终是衡量教师教学艺术水平的标准之一。寓意深刻而又幽默轻松的故事，加之铺陈渲染，绘声绘色的教学语言，是学生喜闻乐见的导课形式，如"狗死洞"的故事引入二氧化碳的性质等。采用故事导入方式应注意故事内容要与新课内容有紧密的联系；故事本身生动有趣，对学生具有启发性；同时讲故事时语言要精练，故事要短小精悍、用时不长，一般的故事引入有 2 ~ 3 分钟就可以了。

### （五）直观演示，提供形象

直观演示是指教师上课伊始，通过展示图片、动画、影像等直观教具，先让学生观察实物、模型、电视或实验等，引起学生对即将讲授内容的关注，然后提出问题，引导学生观察、思考、分析，从而使学生直接进入寻求新知识的一种导课方式。如讲授有机物的分子结构时，展示球棍模型和比例模型，让学生从模型认知中建构分子结构，再对模型进行重新组装和定位，让学生从宏观辨析中领悟有机物分子的微观结构及其变化。

### （六）创设质疑，实验探究

为了培养学生勇于质疑、乐于发现、勇于创新的精神，突出"以人为本"的科学发展观，教学时必须创设质疑情境，把学生"机械接受"过程变为"主动探究"过程。

### （七）联系实际，激发思考

在化学课上，教师从以学生已有的实际经验，或是为学生提供的实例（可能是生产、生活、社会中的实际问题，也可能是新闻媒体的报道或历史上曾经发生过的事情等）出发，通过讲述、谈话或提问等方式，引导学生思考，激发学生学习新知识的兴趣和欲望，进入新课题的学习。例如，"油脂"的导入："传说在古埃及，有一次法老设宴招待贵宾。有位厨师不慎将一盆油打翻在热的炭灰里，他用手把沾有油脂的炭灰捧到外面，洗手时意外地发现手洗得特别干净。这种沾有油脂的炭灰大概就是最早的肥皂了。这节课我们就要学习和上面故事有关的问题。"

### （八）魔术引入，提高兴趣

魔术引入是指教师在上课前精心准备一个与本节课内容相关的化学魔术，略带神秘地表演给学生看，从而激发学生学习兴趣的一种特殊的化学实验引入方法，如讲解二价铁与三价铁的相互转换时做一个"茶水变色"的魔术；讲解氨气的性质时做"空杯生烟"的魔术；讲解过氧化钠的性质时表演"滴水生火"的魔术等。

### （九）新闻事件，社会热点

要求教师上课前查找与本节课内容相关的新闻事件或社会热点问题，以图片、文字或视频的形式向学生展示，从而引起学生的共鸣，提高学生的科学精神和社会责任，并顺利引出新的教学内容。

## 三、课堂教学情境导入注意的问题

课堂教学情境导入时应该注意：情境导入作用的全面性，尽量使设置的情境包含整节课的主要教学内容；情境导入作用的全程性，尽量使设置的情境贯穿于整节课的全过程；情境导入作用的发展性，尽量使设置的情境是最新、最近发生和发展的内容；情境导入作用的真实性，尽量使设置的情境真实可靠，不能道听途说、凭空设想；情境导入的可接受性，尽量使设置的情境能让学生接受，不能太极端和太过于暴力，设置的情境更不能对学生产生负面影响。

　　从以上所举实例可以看出，具有艺术性的课堂情境导入，在于教师创设的问题情境中的问题恰当、情境生动、引人入胜，并且内容精练，这样就能在短时间内收到良好的教学效果，激起学生的学习动机和兴趣。

# 第五节　课堂管理和调控技能

　　课堂管理和调控是保障教学活动达到既定目标、顺利完成教学任务的重要举措。教师在课堂教学中注意通过课堂观察等途径收集学生信息，在充分了解学生的基础上采取有效的管理和调控措施。

## 一、课堂观察技能

　　课堂观察是调控和管理的基础，是教师为了收集来自学生的信息而进行的觉察学生行为、个性和其他特点的过程。课堂观察可以向教师提供教学反馈信息，使教师能够对教学及时进行调整，还可以使教师增加对学生的了解，有利于进一步做好教学评价和今后的教学工作。

　　周密的计划是做好课堂观察的关键。首先，教师要确定观察的重点内容。学生对学习目标的了解、学习态度、学习结果、参与教学活动的积极性、兴趣和爱好、情绪和注意力、人际交往活动、思维品质、创造性、认知能力、表达能力、遵守纪律和规则等都是观察的内容。但每次重点观察的内容不能太多，要结合每节课的具体教学内容有重点地观察几项，但不能忽视偶发事件，最好对每节课和每项观察内容设计出观察指标。特别注意课堂观察要面向全体学生，可采用时间抽样法进行系统的观察，即按照一定的时间间隔和顺序有计划地轮流对不同的学生进行重点观察，并与全面扫描和搜寻特别现象相结合。其次，教师要做好观察记录表。教师要努力排除来自自身的各种干扰，如成见、先入为主、光环效应、标签效应、平均效应和趋同现象等，还要排除来自观察现场的各种干扰，对于一时难以弄清和做出判断的现象，可以课后多与学生接触，做进一步了解，以便准确地做出判断和评价。

## 二、课堂常规管理技能

课堂管理的常规内容主要包括空间与时间利用、纪律和秩序的维持等。

### （一）空间利用技能

空间是教学的制约因素和重要资源。在化学教学的常规管理中，必须重视对教学空间的结构设计和管理。教室的座位会影响学生的视力、学习成绩和心理健康成长，同样也会影响教学效果。为了促进学生的成长和发展，教师在空间上必须科学地安排学生座位，如果让不同气质和性格的学生在座位的空间分布上错开搭配，则更加有利于组织合作学习，也有利于学生形成比较完善的心理品质；当然，还要定期交换和调整学生座位，可促进学生更好地成长。另外，为了更好地组织探究教学，将传统的纵横矩阵式排列改进为弧线形或"U"形排列，可以减少来自教师上课时的监控压力和影响，克服刻板、不利于学生交往和合作学习的弊端。有条件的学校还应该尽量小班化教学，以便更好地组织和开展探究教学、实验研究和小组合作学习。

### （二）时间利用技能

时间是学习过程中一个决定性因素。尽管课程计划、课程标准统一规定了各年级化学课程的总学时，但在实际教学中，由于不同的教学和管理方面因素的制约，实际上各个学校的教学时间，特别是有效的教学时间各不相同。

### （三）纪律管理技能

宽严适度的教学纪律是保证化学课堂教学顺利进行和搞好化学教学的重要条件。在教学过程中，教师要注意辩证地利用好纪律的强制因素、学生自身的自制因素和教师人格魅力的亲和性因素。

一是要建立和谐的师生关系。教师要让学生自觉遵守纪律和维护纪律，尊重学生人格，尊重学生自尊心，不一味地依赖严格的班规和班纪；让学生通过演讲、表演、辩论、比赛等多种形式、多种活动，提高其主人翁责任感、集体荣誉感，使其自觉维护纪律。在此基础上，教师要多了解学生。面对学生个体，我们不能搞"一刀切"。

学生父母的文化程度、对教育的认识，家庭成员的不同认识和理解，都会影响学生的亲情感、同学情以及与教师的沟通程度，特别是单亲家庭和重男轻女家庭对学生身心都造成了或多或少的影响。因此，教师要换位思考，替学生多想一些，从不同的角度去了解和感化学生。凡是师生关系和谐的班级，都有良好的课堂纪律。

二是要针对班级的具体情况进行分析和教育。例如，有些班级的学生在上课时，出现问题马上就想讨论，课堂上出现一片"嗡嗡"声。此时教师就要抓住带头讨论的学生，并进行纪律教育，还要在班上做"勿以善小而不为，勿以恶小而为之"等相关纪律教育，使学生认识到课堂纪律的重要性，并自觉维护好课堂纪律。

三是要做到纪律管理的条款细致化。比如，对于上课的纪律要明确提出不说话，不在教师没有布置讨论问题时随便讨论，不做与学习无关的事情等。凡是违反了纪律的同学，要受到在全班同学面前背课文或写化学方程式等惩罚，促使学生认真遵守课堂纪律。

## 三、问题处理技能

一是要对出现的问题做出准确判断。在课堂教学过程中，常常会遇到各种各样难以预料的问题，其中有些问题如果不及时解决，就会影响教学的顺利进行。如上课时遇到学生睡觉、玩手机、做其他事情、吵闹、打架等问题，教师必须准确判断是否需要马上解决，拖延会不会影响后续教学活动，问题属于什么类型、性质（要分轻重），是如何产生的，原因是什么，怎样有效、迅速地解决问题，原因是否在于教师方面，能否发动学生解决，等等。

二是要善于处理偶发事件。偶发即不分时间、场合的突发事件。学生在课堂上违规是"百花齐放"的，很多问题是始料不及的。对偶发事件的处理，既能表现教师的人格魅力，又能表现出教师在学生心目中的形象。教师的语气、语态、体态都会影响对偶发事件的处理。处理偶发事件时要注意说话的语气及态度，有理不在声高，引用一些听起来顺耳又能教育人的常用语言。教师在处理偶发事件时，还要做到不偏心。特别要注意避免"先入为主"的心理，如果在处理问题时对学习好的学生偏心，那么这位教师在学生心目中的形象会大打折扣。一定要立场公正，处理事情要有原则，奖惩分明，是非分明，不包庇成绩好的学生，对成绩差的学生不要有偏见。

三是要学会冷处理。对课上发生的一些小事件，教师不要急于处理，更不能急于发表意见，以免做出过敏和过激的反应，可以师生共同冷静思考几分钟，以免影响课堂教学；让学生心里有数，课后再进行处理，或让学生说出事情缘由，分析利害关系，分析自身优缺点等。不一定总让教师来说明情况、讲明道理，中学生具有一定的是非辨别能力，要让他们在成长中逐渐形成正确的价值观和人生观。

## 四、课堂调控技能

课堂调控是实现预定教学目的的必要和有效的手段。课堂调控时，教师要做到建立期望，让学生了解和接受学习目标和完成学习任务，了解教师的期望，促进学生主动学习；充分利用教学情境激发学生学习兴趣，并利用兴趣的迁移和发展来进行情感调控。学生自评、互评和教师评价，可以使学生及时得到自己学习情况的反馈信息并进行强化。教师评价时要以表扬和鼓励为主，让学生正确、全面和辩证地认识自己。

教师在课堂调控方面必须做好节奏控制。教学节奏是指某些教学参数在连续的教学过程中，时间分布上连续、交替和重复出现的规律性表现。这些参数主要有教学密度、速度、难度、强度、重点分布以及情绪强烈程度等。所以，课堂教学中要力争教学过程张弛有度、节奏合理，防止疲劳，提高教学效率。为了建立良好的教学节奏，教师要努力探究、把握好课堂的最佳教学时段，充分利用学生的最佳脑力状态和情绪状态，将短时注意与长时注意有效结合，适时地形成教学高潮，并要注意教师和学生活动的及时与适度的变化，以确保课堂教学的高效。

# 参考文献

[1] 陈学敏.高中化学优质课堂情境创设的研究 [M].延吉：延边大学出版社，2019.

[2] 崇明化学名师工作室.初三化学课堂活动单 [M].上海：上海交通大学出版社，2016.

[3] 国平，周卫平.评价辉映化学课堂 [M].北京：科学普及出版社，2016.

[4] 蒋灵敏，肖仕飞，李刚.化学课堂教学与实验研究 [M].长春：吉林人民出版社，2020.

[5] 蒋余泉，吕春林.初中化学学科创智课堂教学实践指南 [M].上海：上海教育出版社，2019.

[6] 蒋珍菊，王亚东，王樱花.化学教育课堂体系构建与实践分析 [M].长春：吉林人民出版社，2021.

[7] 李发顺.重构学生主体课堂的思考——高中化学新课程教学设计 [M].宁波：宁波出版社，2014.

[8] 林美凤.基于化学基本观念的课堂教学研究 [M].上海：上海交通大学出版社，2015.

[9] 林歆宇，江雷，夏英波.化学课堂的有效建构 [M].长春：吉林人民出版社，2019.

[10] 刘家言，马丽华，高飞.化学教学与课堂研究 [M].北京：北京工业大学出版社，2018.

[11] 陆菁.初中化学课堂教学问题诊断与教学技能应用 [M].北京：世界图书出版公司北京公司，2009.

[12] 吕晓燕.化学课堂教学中问题设置的实践研究 [M].兰州：甘肃教育出版社，2016.

[13] 毛东海.化学课堂"有效教学"研究 [M].上海：上海教育出版社，2012.

[14] 王齐放.物理化学课堂笔记 [M].北京：人民军医出版社，2011.

[15] 王雅莉.初中化学课堂教学问题设计 [M].上海：上海社会科学院出版社，2014.

[16] 王云生.课堂转型与学科核心素养培养——中学化学课堂教学改革探索 [M].上海：上海教育出版社，2016.

[17] 王祖浩.化学课堂教学行为研究及案例 [M].南昌：江西教育出版社，2009.

[18] 乌云，斯琴高娃.中学化学课堂教学技能训练 [M].西安：陕西师范大学出版社，2009.

[19] 优才教育研究院.初中化学课堂教学典型问题解决案例 [M].成都：四川大学出版社，2013.

[20] 赵刚，袁红娟，陆海峰.高中化学课堂教学与体系构建 [M].长春：吉林人民出版社，2019.